Die *litterae annuae*
der Gesellschaft Jesu
von Otterndorf
(1713 bis 1730)
und von Stade
(1629 bis 1631)

Neuwerk
Döse
Elbe
Hamburgisches Amt Ritzebüttel
Ritzebüttel
Groden
Gericht Altenwalde
Altenbruch
Lüdingworth
Nordleda
Spieka
Midlum
Land Wursten
Land Hadeln (Herzogtum Sachsen-Lauenburg)
Padingbüttel
Dorum
Holßel
Flögeln
Wremen
Bederkesa
Debstedt

Herzogtum Holstein
Belum
Neuhaus
Oste
Hamelwörden
Glückstadt
Drochtersen
Herzogtum Bremen
(unter schwedischer Herrschaft)
Lamstedt
10 km
Stadt
Kirche
Burg

Die *litterae annuae* der Gesellschaft Jesu von Otterndorf (1713 bis 1730) und von Stade (1629 bis 1631)

ausgehoben, kollationiert und übersetzt von
Christoph Flucke

mit einer Einführung, Anmerkungen
und den Anhängen nebst Indices
versehen und redigiert von
Dr. Martin J. Schröter

Gedruckt mit Unterstützung von:

Erzbistum Hamburg

Kranichhaus-Gesellschaft e. V. in Otterndorf

Landschaftsverband der Ehemaligen Herzogtümer
Bremen und Verden zu Stade

VGH-Stiftung Stade

Verein für katholische Kirchengeschichte
in Hamburg und Schleswig-Holstein e. V.

Übersetzer und Herausgeber danken
für die großzügige Unterstützung.

Umschlagbild, vorne: Nicolaus Johannes Grimman,
Otterndorf-Ansicht von etwa 1730;
Abbildung Sammlung Rennebeck, Cuxhaven.

Der Druck erfolgte von einer vom Herausgeber gestellten PDF-Datei.

Printed in Germany
Gedruckt auf säurefreiem, alterungsbeständigem Papier ∞

ISSN 0173-0940
ISBN 978-3-402-24685-6

Vorwort

Im Vorwort der bilingualen Herausgabe der *Litterae annuae*/Die Jahresberichte der Gesellschaft Jesu aus Altona und Hamburg (1598–1781), Münster 2015, und der *Litterae annuae*/Die Jahresbericht der Gesellschaft Jesu von Glückstadt, Münster 2017, habe ich angekündigt, mich in den folgenden Jahren mit den Berichten der Jesuiten aus Otterndorf zu beschäftigen.

Jedes Jahr schrieben die Jesuiten einen Rechenschaftsbericht über die Vorkommnisse und ihre Tätigkeit an ihre Vorgesetzten. Diese Berichte sind ab 1680 auch im Stadtarchiv von Köln (mit einigen Lücken) erhalten. Für Stade ist nur die römische Überlieferung im Archiv des Generaloberen der Jesuiten (ARSI) in Rom vorhanden.

Viele Helfer standen mir zur Seite, denen ich hier meinen Dank sagen will. Von Seiten des Historischen Archivs der Stadt Köln gab ein Mitarbeiter, Dr. Max Plassmann, uns online wertvolle Hilfen und freundlich die Erlaubnis, die Berichte zu veröffentlichen. Bei der Übersetzung gab wertvolle Hinweise Pater Prof. Dr. Klaus Schatz SJ, der als Hochschullehrer an der Theologischen Hochschule Sankt Georgen der Jesuiten in Frankfurt/Main tätig ist.

Für die Durchsicht des Manuskripts gilt mein Dank Frau Ellen Pfohl und Herrn Dr. Martin J. Schröter.

Bei der unerlässlichen Arbeit am Computer und der Formatierung des Textes stand mir unermüdlich meine Frau Doris-Maria zur Seite. Mit seinem historischen Wissen, wertvollen Anregungen und seiner Vernetzung in der norddeutschen Historikerzunft hat Dr. Martin J. Schröter, der Vorsitzende des Vereins für katholische Kirchengeschichte in Hamburg und Schleswig-Holstein, das Werk vorangebracht. Die Einleitung stammt von ihm.

Ich hoffe, keinen Helfer vergessen zu haben; sonst sage ich ihm ungenannt meinen Dank.

Ohne die finanzielle Unterstützung ist manche Arbeit vergeblich. Ich danke zunächst den historischen Vereinigungen vor Ort, dem Landschaftsverband der Ehemaligen Herzogtümer Bremen und Verden zu Stade, der VGH Stiftung Stade und der Kranichhaus-Gesellschaft e. V. in Otterndorf, namentlich Herrn Dr. Axel Behne, für die großzügige Unterstützung unseres Vorhabens. Zur Finanzierung der Publikation gilt mein Dank dem Erzbistum Hamburg, namentlich Herrn Erzbischof Dr. Stefan Heße, und dem Verein für katholische Kirchengeschichte in Hamburg und Schleswig-Holstein e. V.

Hamburg-Lohbrügge, im Oktober 2019. Christoph Flucke

GLIEDERUNG

2. Einführung in die *Litterae annuae* von Stade und Otterndorf

2. 1. Einführung in die *Litterae annuae* von Stade[1]

Die beiden Jahresberichte der Jesuiten aus Stade von 1631 und 1632 sind Zeugnisse der kaiserlichen Politik Ferdinands II., zunächst auf dem Höhepunkt ihrer Macht, dann ihres Scheiterns. Ferdinand II. versuchte auf der Reichsebene die einseitige Machtpolitik einer konfessionellen Rekatholisierung von oben durchzusetzen. Als Erzherzog von Innerösterreich, so auch der Steiermark, hatte er ein ähnliches Modell in seiner Residenzstadt Graz bereits „erfolgreich" umgesetzt, ohne jedoch dabei Rücksicht auf wirtschaftliche Belange des Herzogtums und der Hauptstadt zu nehmen[2]. Handelten doch die evangelischen Unternehmen betriebswirtschaftlich deutlich professioneller, so dass die Volkswirtschaft des Herzogtums unter der Vertreibung litt. Für Ferdinands Motive hat man mehrere Möglichkeiten erwogen[3]: War es seine verzehrende Leidenschaft für die katholische Sache, wie sie ihm durch seine Lehrer, die Jesuiten in Ingolstadt, vermittelt worden war? Verfolgte er wirklich die beiden Ziele einer Ausrottung des evangelischen Glaubens und die Unterordnung der Stände?

Der Dreißigjährige Krieg hatte zumindest in der Anfangsphase den Charakter eines Religionskrieges, wie es die repräsentative Lehrmeinung dazu geblieben ist. Auf seinem Höhepunkt um 1627 bis 1635 sei er sogar noch einmal als ein „Heiliger Krieg" geführt worden. Eng mit der Religion verquickt war nämlich die Politik der Zeit. Die Phase der geschichtlichen Entwicklung gilt als konstitutiv für die Entstehung der modernen Staaten. Und diese kamen zunächst noch nicht ohne eine Letztbegründung aus: „Gerade der noch unfertige Staat der Frühen Neuzeit war zur Legitimierung und Organisation auf die Hilfe der Religion und die Nutzung der konfessionellen Dynamik angewiesen. ... Der frühneuzeitliche Staat ist als Konfessionsstaat angetreten"[4]. „Die so wirkmächtige und vielgestaltige Verbindung von Religion und Politik enthielt jedoch ein schwer lösbares Problem. Wenn die noch unfertigen werdenden Staaten zu ihrer Legitimation und Organisation auf die Konfession angewiesen blieben, so handelten sie sich damit auch das Problem der strukturellen Intoleranz der Frühen Neuzeit ein. Was sie nach außen festigte, machte sie nach innen

---

1 Sehr herzlich danke ich für vielfältige Unterstützung, Hilfe und Auskünfte Dr. Axel Behne, Christoph Flucke, Prof. Dr. Markus Friedrich, Robert Gahde, Judith Lipperheide, Dr. Max Plassmann, Dr. Olaf Rennebeck und Anna von Bargen.

2 Dazu etwa: O. Hochreiter: Ferdinand III./II.: „Seine kaiserliche Politik, ab 1619, war der Versuch, ein katholisch-deutsches Reich zu schaffen, was den Keim des Scheiterns in sich trug. Für Graz bedeutete die „Protestanten"-Vertreibung Ferdinands 1600 einen tiefen sozialen und wirtschaftlichen Einschnitt" [Zugriff am 14. April 2019]: https://www.graz.at/cms/beitrag/10095972/7773004/Ferdinand_IIIII_Kaiser.html .

3 G. Schmidt: Der dreissigjährige Krieg, München 1995, S. 42 f.

4 Johannes Burkhard: Der Dreißigjährige Krieg, Frankfurt am Main 1992, zur Problematik „Religionskrieg" insgesamt S. 128–143; Zitat, S. 140.

aggressiv, und eben dies war der Entstehungsgrund des Religionskrieges"[5]. Schon wie das erste große Reformationsjubiläum 1617 in festlichen Formen begangen wurde, konnte eine konfessionell aufgeheizte Atmosphäre schnell zu einem Siedepunkt bringen. „Die Folge war, dass die Reformation noch einmal durchgespielt wurde und im Spannungsfeld neuer Konfessionskonflikte die alten Ressentiments wieder auflebten"[6]. Selbstredend antworteten auf katholischer Seite ähnliche Propagandaschriften und Pamphlete auf diese Herausforderung. „Der kriegsbegünstigende Effekt des konfessionellen Aktionismus auf allen Seiten ist nicht zu übersehen"[7].

Die Jesuiten gelten in dieser, für den Kaiser und die katholische Seite zunächst siegreichen Phase auf der protestantischen Seite, auch in der ihr verpflichteten Geschichtsschreibung als Kriegstreiber. „Wenn sowohl Kaiser Ferdinand II. als auch der Bayernherzog und Ligaführer Maximilian I. das neue jesuitische Bildungswesen durchlaufen hatten und in den Patres Lamormaini und Contzen Jesuiten zu Beichtvätern und Räten genommen hatten, dann musste das in diesem Meinungsklima schon genügen, einen konfessionspolitischen Aha-Effekt auszulösen. Das freilich bis zu einem gewissen Grade auch zu Recht, wenn man hört, dass sich zum Beispiel auf dem Kurfürstentag von Regensburg 1630 an die 30 Patres des Ordens aufhielten und sich die Beichtväter der katholischen Kurfürsten erst einmal zu einer Art Vorkonferenz trafen, um die katholische Aktionseinheit zu besprechen"[8].

Tatsächlich war der Orden in sich aber nicht so geschlossen, wie man zunächst annehmen dürfte[9]. Es gab auch Patres, die zu Zurückhaltung und

5 Ebd., S. 143.
6 Ebd., S. 129.
7 Ebd., S. 133.
8 Ebd., S. 133.
9 Was die Struktur der Gesellschaft Jesu betrifft, so scheint es irrtümlich zu sein, von dem Jesuitenorden als Einheit zu sprechen. Nimmt man Niklas Luhmanns Modellbildung sozialer Systeme hinzu (N. Luhmann: Die Politik der Gesellschaft, Frankfurt/M 2000), wird der Blick darauf geschärft, dass es innerhalb eines sozialen Systems, gerade auch mit hierarchischer Spitze, zur Ausdifferenzierung von Subsystemen kommen kann (S. 70–73). Man muss dabei nicht unbedingt Luhmanns theoretischen Grundannahmen folgen, konkret etwa seinen Überlegungen zum autopoietischen Selbstabschluss der sozialen Systeme (S. 105–114). Dagegen hat bereits J. Habermas den deliberativ-aufbrechenden Charakter kritischer Kommunikation innerhalb der Systeme betont (Habermas spricht mit Blick auf die modernen-demokratischen Verhältnisse davon, dass „wegen ihrer anarchischen Struktur ... die allgemeine Öffentlichkeit ... den Vorzug eines Mediums uneingeschränkter Kommunikation, in dem neue Problemlagen sensitiver wahrgenommen, Selbstverständigungsdiskurse breiter und expressiver geführt, kollektive Identitäten und Bedürfnisoperationen ungezwungener artikuliert werden können als in den verfahrensregulierten Öffentlichkeiten" etwa des Parlaments: J. Habermas, Faktizität und Geltung, Frankfurt/M 1992, S. 374.). Luhmann hat „Segmentierung des politischen Systems in Staaten" untersucht, welche „die Eigendynamik anderer Funktions-

Frieden rieten[10]. Doch spielten bei manchen Jesuiten neben machtpolitischen auch Rechtsüberzeugungen eine Rolle: „Ihre Grundüberzeugung war, dass [auf der evangelischen Seite] begangenes Unrecht wiedergutgemacht und die der katholischen Kirche verlorenen Gebiete und Nationen wieder zurückgeführt werden müssten"[11]. Hätten die Reformatoren und ihr Anhang unter Machtstrukturen, nämlich unter den werdenden evangelischen Reichsständen, „Schutz gefunden, so durfte man jetzt ebenso die realen Machtverhältnisse dazu nutzen, dem alten katholischen Glauben wieder Eroberungen zu gestatten"[12]. Es mag dabei die irrtümliche Überzeugung eine Rolle gespielt haben, man müsse nur andere landesherrschaftliche Strukturen schaffen und dann würden viele Einwohner in Stadt und Land gerne wieder zur katholischen Kirche zurückkehren. Tatsächlich hatte eine andere Sozialisation, begünstigt durch eine kontroverstheologische Didaktik in der religiösen Unterweisung, dazu beigetragen, die religiösen Auffassungen zu festigen. In Stade etwa blieben trotz wirtschaftlich-politischer Anreize in Form verringerter Kontributionen für Konvertiten die städtischen Bürger beim lutherischen Glauben[13].

---

systeme [schütze], ohne damit regionale Effekte unterschiedlicher politischer Förderung oder Behinderung auszuschließen" (S. 223). Man darf analog die Segmentierung eines Nationalstaats in Bundesländer oder eben des Jesuitenordens in Provinzen annehmen. Luhmanns Annahmen zum kommunikativen Eigensinn innerhalb der (Sub-)Systeme kann m. E. erklären, weswegen die französischen Jesuiten mit Blick auf den Dreißigjährigen Krieg deutlich andere Positionen vertreten haben, als die Patres in Bayern und Österreich – ganz unabhängig von den Mindermeinungen einzelner Patres. Die Provinzen des Jesuitenordens blieben schon wegen der unterschiedlichen Sprache (trotz des Lateins) und aufgrund regionaler Gewohnheiten und Traditionen kommunikativ relativ geschlossen. Etwa 80% der Patres verließen ihre jeweilige Provinz nicht. Dieser kommunikative Eigensinn hatte auch etwas mit der jeweiligen politischen Beeinflussung der Ordensprovinzen durch die werdenden Staaten und ihre Potentaten zu tun (der Eigensinn als Folge kommunikativer Einschränkungen infolge staatlicher-sozialer Disziplinierung). In Frankreich ging es um die politischen Anstrengungen, eine Staatskirche zu schaffen und deren Unterstützung für die europäische Machtpolitik zu gewinnen, in Österreich und im Reich zunächst darum, Voraussetzungen für einen modernen Staat durchzusetzen, der eine einheitliche Konfession durchsetzen wollte, was bekanntlich am Widerstand der evangelischen, aber auch der katolischen Fürsten scheiterte. Zu Irritationen kam es dann insbesondere später an Orten, wo sich die beiden Subsysteme überschnitten wie z. B. in Hamburg. So kann man dann auch die neuartige kommunikative Aufstellung der niederrheinischen Jesuiten nach dem Krieg überzeugender erklären:

10 R. Birely: The Jesuits and the Thirty Years War, Cambridge 2008, S. IX, S. 267, S. 268: „As a group, the German Jesuits themselves remained divided between moderates and militants".

11 H.-J. Fischer: Der Heilige Kampf, München 1987, S. 118.

12 Ebd., S. 119.

13 M. Nistal: Die Zeit der Reformation und der Gegenreformation und die Anfänge des Dreißigjährigen Krieges (1511–1632), in: H.-E. Dannenberg u. a. (Hrsg.): Geschichte des Landes zwischen Elbe und Weser, Band III, Neuzeit, Stade 2008, S. 1–172, S. 122.

Ziel der kaiserlichen Politik war es 1629 nun, die schon längst begonnene Rückführung des nach 1552 säkularisierten Kirchenguts zu beschleunigen. Es sollten somit die früheren vor allem klösterlichen Strukturen in ihren alten Rechten im gesamten Heiligen Römischen Reich dem Anspruch nach „wiederhergestellt" werden[14]. Das Restitutionsedikt berührte damit die konfessionelle und territoriale Integrität fast aller evangelischen Reichsstände[15]. Doch auch katholische Stände sahen sich in ihren Rechten bedroht: Man erkannte die Möglichkeiten, die kaiserliche Macht auf diesem – reichsrechtliche höchst fragwürdigem – Wege zu stärken, die sich gegenüber den geistlichen Fürsten und den evangelischen Landesherren eher durchsetzen ließ, wenn ihre Territorien durch die Rechte katholischer Klöster durchbrochen waren. Es musste eine Schwächung der erstarkten Dynasten bedeuten, die selbstbewusst auf die „deutsche Libertät" setzten.

Die Stände und ihre fürstlichen Spitzen wollten dagegen ihre politischen Mitwirkungsrechte behaupten, weil sie „ihr mittelalterliches Beratungsrecht [erfolgreich] in die neuzeitliche Konsenspflicht des Reichstages überführt hatten"[16]. Dieses wichtige Verfassungsrecht wäre durch das einseitig verkündigte Restitutionsedikt entscheidend geschwächt, eine zentralistische Politik des Reichsoberhauptes dagegen in Richtung des Absolutismus gestärkt worden.

Der niedersächsische Reichskreis war eines der Gebiete, in denen das Restitutionsedikt besonders tatkräftig umgesetzt wurde[17]. Im Raum zwischen Elbe und Weser konnte diese Politik allerdings bei Teilen der Bevölkerung insofern auf Resonanz stoßen, als der lutherische Glaube noch keineswegs überall durchgesetzt war[18]. Im weitgehend säkularisierten Erz-

---

14 Tatsächlich gingen die „Restitutionsbemühungen" durch die Übertragung früher klösterlicher Liegenschaften an die Jesuiten über eine „Wiederherstellung" auch im juristischen Sinne weit hinaus.

15 J. Burkhard, Der Dreißigjährige Krieg, S. 158–163. – G. Schmidt: Der Dreissigjährige Krieg, München 1995, S. 42–47.

16 G. Schmidt, Der Dreissigjährige Krieg, S. 45.

17 G. Uhlhorn: Beiträge zur Geschichte der Ausführung des Restitutions-Edicts in den Herzogthümern Bremen und Verden, Vierteljahrsschrift für Theologie und Kirche mit besonderer Berücksichtigung der hannoverschen Landeskirche, III. Folge, I. Jahrgang, Hannover 1852, S. 149–184. – V. Stork: Die Ausführung des Restitutionsedikts, Zeitschrift des historischen Vereins für Niedersachsen, 71, 1906, S. 212–258; 72, S. 39–80, darin zu Stade, S. 76–78.

18 F. Köster, Geschichte des königlichen Consistoriums der Herzogthümer Bremen und Verden, S. 10: „Übrigens dauerte in beiden Bisthümern der Kampf zwischen den Protestanten und den Römisch-Katholischen noch lange, und mit wechselndem Erfolg fort. ... Ja, länger als ein Jahrhundert währte dieser schwankende Zustand". – Anders dagegen V. Stork, Die Ausführung, S. 223: „Abgesehen von vier katholischen Klöstern, war der alte Glaube in Bremen ausgestorben".

stift Bremen waren noch nicht einmal alle Klöster aufgehoben worden[19].

Zu den Versuchen der Gegenreformation während des Krieges gab es bereits fünfzehn Jahre zuvor eine Art Präludium. Kaiser Matthias hatte schon im Jahre 1613 an das Bremer Domkapitel wegen der verbliebenen katholischen Klöster geschrieben, es möchten die in jüngster Zeit eingeführten Neuerungen wieder rückgängig gemacht werden, und er stellte sie 1616 unter den kaiserlichen Schutz[20]. Damit nicht genug. 1617 sandte er die Äbte des Godehardi- und des Michaelisklosters in Hildesheim als Kommissare, sich um die Zustände vor Ort zu kümmern. Tatsächlich machten sich dann Abt Johann des Michaelis-Stifts und Abt Hugo der Stifte [Essen-] Werden und Helmstedt auf den Weg, ohne eine Erklärung des Bremer Erzbischofs oder des Domkapitels abzuwarten. Hintergründig dürfte der Konvertit und katholische Priester Martin Stricker gewirkt haben[21]. Der Erzbischof versuchte, die Arbeit der Kommission durch den Kanzler des Erzbistums Bremen und durch 20 Reiter zu unterbinden, auch mit dem reichsrechtlichen Argument, es werde in seine Landeshoheit eingegriffen[22].

Um allen weiteren Schritten des Kaisers wirksam zu begegnen, veranlassten Erzbischof und Domkapitel eine eigene Visitation und erstellten dazu auch einen Fragebogen, um mögliche *gravamina* festhalten zu können. Hierin gaben die Befragten zu erkennen, dass es kaum Anlass zur Klage gab, auch nicht im Verhältnis der katholischen Nonnen zu den evangelischen Konventualinnen in Zeven. Dort habe allerdings Martin Stricker versucht, einen landfremden katholischen Geistlichen als Beichtvater der Nonnen[23] und als Prediger der Pfarrei zu installieren. Wir erfahren aus einer Beschwerdeschrift an das Bremer Domkapitel 1619, dass es sich um den Jesuitenpater Peter Crantzius handelte, der sehr kontroverstheologisch gepredigt und Maria im Fürbittgebet angerufen habe, die Kommunion nicht unter beiderlei Gestalten reiche[24], und tatsächlich einer evangelischen Konventualin das Begräbnis auf dem Klosterhof verweigert habe. Eine Antwort ist nicht überliefert. Auch was mit dem Pater später geschehen ist, muss ganz offenbleiben. Größere Schwierigkeiten gab es erst nach dem

19 Es handelte sich konkret um das Männerkloster Harsefeld sowie die Frauenklöster Altkloster, Neukloster und Zeven: M. Nistal, Die Zeit der Reformation und der Gegenreformation, S. 111.

20 H. Hoogeweg: Die Restitutionsversuche im Erzstift Bremen (1617–1629), Zeitschrift des historischen Vereins für Niedersachsen, 1910, S. 73–134, zu dem Präludium 1613: S. 73–94, zu den Stader Verhältnissen: S. 132 ff.

21 H. Hoogeweg, Restitutionsversuche, S. 77, S. 89. – Zu Martin Stricker: H.-G. Aschoff: Martin Stricker (†1749) – Missionar in der norddeutschen Diaspora, BMVkKG, 10, 2013, S. 45–70.

22 H. Hoogeweg, Restitutionsversuche, S. 79.

23 H. Hoogeweg, Restitutionsversuche, S. 89.

24 W. Witpenning: Jesuiten in Zeven, Archiv des Vereins für Geschichte und Alterthümer der Herzogtümer Bremen und Verden, Heft 4, 1869, S. 284 f.

Tod der Zevener Äbtissin 1620 und der Wahl einer Nachfolgerin; bei dieser Gelegenheit spaltete sich der Konvent entlang der konfessionellen Bruchlinie.

Die Theologen beider Seiten setzten – wohl angesichts dieses Zustands in der Schwebe – entschieden auf eine konfessionell-abgrenzende Predigtdidaktik, auch auf der evangelischen Seite: „Das Papsttum kannte man nur noch als Schreckbild und es war so zum Zerrbild geworden"[25].

Nach der Schlacht bei Lutter am Barenberge 1626 zogen die beiden katholischen Feldherren Tilly und Wallenstein nach Norden. „Am 7. Mai 1628 übergab der dänische Kommandant Oberst Morgan die Stadt [Stade an den kaiserlichen Feldherren Tilly] und erhielt mit 2.500 Mann freien Abzug. In Stade wurden nun 1.200 Mann kaiserliche Truppen einquartiert.

Das kaiserliche Restitutionsedikt von 1629 wurde auch in Stade durchgeführt"[26]. Die kaiserliche Verwaltung versuchte sich an diesem Oberzentrum des niedersächsischen Unterelbe-Raumes festzusetzen und von ihr aus eine Rekatholisierung der ganzen Gegend zu beginnen. Dazu erhielten die Prämonstratenser das Stift Sankt Georg, das sie bis zur Säkularisierung (vor 1587) besessen hatten. Die Hauptpfarrkirche der Stadt Sankt Wilhadi fiel, nachdem die frühere Inkorporation in das Prämonstratenserkloster aufgehoben war, an die Jesuiten, die dort eine Residenz 1631 mit sechs, 1632 mit fünf Patres einrichteten. Beteiligt war zunächst Pater Augustinus Turrianus als Hildesheimer Domherr; wieweit er tatsächlich in Stade längere Zeit vor Ort war, wäre zu klären; dann um die Oberen Herbert Lintz (1629–1631) und Konrad Prangen (1631)[27], Matthias Kalkhoven, Mauritius N. N.[28], sowie wohl auch um die Konvertiten Heinrich Schacht (*1585 in Schleswig, †1654 in Hamburg)[29] und Peter Wernecke (1606 in Lübeck, †1669 in Hamburg). Pater Augustinus Turrianus gehörte zu den Verfassern jesuitischer Schultheaterstücke[30] und hatte schon in kontroverstheologischen

25 V. Stork, Die Ausführung, S. 223.

26 J. Bohmbach: Stade als selbständige Stadt. 10. Der 30jährige Krieg, in: ders.: Stade – von den Siedlungsanfängen bis zur Gegenwart, Stade 1994, S. 141–143, S. 143. – H. Wohltmann: Die Geschichte der Stadt Stade, Stade 2.1947, S. 117 f.

27 Die beiden Oberen nach: Bernhard Duhr: Geschichte der Jesuiten in den Ländern deutscher Zunge, II. Band, 1. Teil, Freiburg 1913, S. 130, Anm. 7.

28 G. Uhlhorn, Ausführung des Restitutions-Edicts, fügte seiner Publikation folgende Quelle bei, S. 164 f.: Recess zwischen den hochwürdigen Äbten St. *Georgii* binnen Stade und den *Patres Societatis* wegen der Kirche St. Wilhadi daselbst getroffener Vergleichung, 26. Novembris 1629. – Darin sind die drei Patres namentlich erwähnt.

29 V. Helk: *s. v.* Schacht, Heinrich, BLSH, Neumünster 1985, S. 255–257. – Ergänzungen dazu siehe hier im Anhang 7. 1., S. 124.

30 Ediert von ihm ist, 1609 in Paderborn entstanden: Peter Maier (Hrsg.): P. Augustinus Turrianus SJ: *Comoedia de Divi Augustini pueritia et adolescentia*. Komödie über die Kindheit und Jugend des heiligen Augustinus, Einleitung, Übersetzung und Kommentar, Paderborn 2006.

Disputen einige Erfahrungen gesammelt[31]. Pater Heinrich Schacht aus Schleswig hatte zunächst lutherische Theologie studiert und war offenbar vorübergehend schon Prediger in [Hamburg-]Ottensen. In Braunsberg im Ermland konvertierte er zum katholischen Bekenntnis und wurde durch den fünften Generaloberen der Jesuiten, Claudio Aquaviva, persönlich sehr stark gefördert. Vorübergehend hielt er sich in Schweden auf und wäre sogar fast hingerichtet worden. Später hat er für Jahrzehnte gemeinsam mit Pater Peter Wernecke die erste Mission in Altona und Hamburg betreut und aufgebaut. Ein weiterer Jesuitenpater ist namentlich nicht genannt; er war möglicherweise vor seiner Berufung Soldat. Insgesamt war es gemessen an Persönlichkeit und Bildungsstand eine breit aufgestellte Gruppe von Geistlichen, um die gegenreformatorischen Anstrengungen zu unternehmen.

Die Jesuiten in Stade sollten dem Wunsch Kaiser Ferdinands II. entsprechen, „unter anderen insonderheit dahin zu trachten, wie etwa in obbemelten crayßen *collegia* zu behueff der *patres societatis* und catholische schulen zur underrichtung der jugendt bequeme oerter und gelegenheit außgesehen werden möchten"[32]. Von Zwangsmaßnahmen zur Konversion sah man in Stade ab[33].

Der Stader Rat unter den damaligen Bürgermeistern[34] entsprach dem Wunsch der kaiserlichen Kommission unter dem Osnabrücker Bischof Franz Wilhelm von Wartenberg und dem Reichshofrat Johann von Hyens sofort, ihr die geistlichen Güter der Stadt anzuzeigen[35]. Die Kirchen wurden

31 M. Friedrich, Die Jesuiten, S. 241. – M. Mulsow: Einleitung, zu: Ders. (Hrsg.): Spätrenaissance-Philosophie in Deutschland 1570–1650, Entwürfe zwischen Humanismus und Konfessionalisierung, okkulten Traditionen und Schulmetaphysik, Tübingen 2009, S. 9, zum Gespräch zwischen Georg Calixt und Turrianus, der zwar innovativ formulierte, aber argumentative Schwierigkeiten hatte. – Hierzu J. Stillig: Jesuiten, Ketzer und Konvertiten, Hildesheim 1993, S. 64.

32 Recess zwischen den heiligen Äbten *sancti Georgii* binnen Stade und die *patres Societatis* wegen der Kirche *sancti Wilhadi* daselbst getroffener Vergleichung, 26. November 1629, Anlage III, bei G. Uhlhorn, Ausführung des Restitutions-Edicts, S. 164 f.

33 M. Nistal, Die Zeit der Reformation, S. 122.

34 Stade hatte nicht nur einen Bürgermeister, sondern mehrere in einem Ratskollegium. Genaue Amts- und Lebensdaten fehlen bislang zu den meisten Namen. Auffällig ist allerdings die hohe Zahl von Ersterwähnungen nach 1632. Vorher sind zum Zeitraum von 1628 bis 1631 u. a. erwähnt bei: Christian W. E. Freudentheil: Kurze Geschichte der Stadt Stade, Stade 1903, Anhang: Verzeichnis der Herren Burgermeistere der Stadt Stade, S. 7: Johann up der Worth (erw. 1614), Wilhelm von Coeln (erw. 1615), Statius Stemshorn (erw. 1616), Hinrich Bornemann (erw. 1616), Christian Meyer (erw. 1618, †1647), Claus Plate (erw. 1621, †1653), Claus Stoever (erw. 1624, vorher ein Vierziger), Dr.Hinrich von Haren, Syndikus (1614), Bürgermeister (1624), Dietrich Lakemann (erw. 1624), Dr. Albertus Treckel (erw. 1626, resigniert 1630). – Danach folgen die 1632 erstmals erwähnten Bürgermeister, siehe unten Anm. 41.

35 G. Uhlhorn, Ausführung des Restitutions-Edicts, S. 151.

in der Folgezeit entsprechend an katholische Geistliche übergeben. „Nur in [der Pfarrkirche] Sankt Nikolai durfte noch lutherisch gepredigt werden"[36]. Zur Finanzierung dieser mit bis zu sechs Patres nicht kleinen Residenz sollten die beiden vormaligen Klöster, jetzt Damenstifte, die Cisterzienserinnenklöster in Himmelpforten und Lilienthal sowie das Benediktinerinnenkloster in Neuenwalde dienen. Die Konventualinnen sollten zunächst die katholische Konfession annehmen; als sie sich weigerten, wurden sie ausgewiesen[37]. Die frühere Inkorporation der Wilhadi-Kirche in das Prämonstratenserstift Sankt Georg in Stade, die seit der Reformation faktisch nicht mehr von Belang war, wurde formell aufgehoben[38].

Infolge der Landung des schwedischen Königs Gustav II. Adolf wandelte sich 1632 die machtpolitische Lage in Norddeutschland zugunsten der evangelischen Seite grundlegend. Nach der Schlacht bei Breitenfelde begannen die Schweden systematisch, die für sie erreichbaren Länder zu besetzen. Das waren nicht selten Schlüsselregionen. Entsprechend kam General Tott mit seinem Heer, um das Herzogtum Bremen-Verden zu besetzen. Ende April oder Anfang Mai räumte nach kurzen Verhandlungen die kaiserliche Besatzung Stade gegen freien Abzug. Auch wenn die betroffenen Patres vor Ort mit dieser Entscheidung nicht nur nicht einverstanden waren, so mussten mit ihr auch die Jesuiten ihre Residenz aufgeben. Die Jesuiten sprachen in den *litterae annuae* – ganz den Formen einer Feindbildkonstruktion im Religionskrieg verhaftet – von den „Feinden"[39]; auf der anderen Seite wurde dem als Landpfarrer in Schneverdingen und Visselhövede eingesetzte Jesuitenpater Johannes Arnoldi im Herbst 1631 von Bauern aufgelauert, die ihn dann folterten und töteten[40].

Trotzdem blieb offenbar die vierjährige Stader Episode der Gegenreformation nicht ganz ohne Wirkungen, auch wenn die erhofften Konversionen ausblieben. In der folgenden Schwedenzeit lag der Fokus des Stader Konsistoriums zwar auf einer strengen lutherischen Orthodoxie, doch in den ersten Jahrzehnten des 18. Jahrhunderts regten sich auch hier pietistische und synkretistische Strömungen. Ganz unmittelbar fällt auf, dass 1632 viele Bürgermeister neu in ihr Amt gekommen sind – ob es möglicherweise infolge eines zu engen Zusammenwirkens mit der kaiserlichen

---

36 J. Bohmbach: Kapitel III, Stade als selbständige Stadt, 10. Der 30jährige Krieg, S. 141–143, S. 143. – Ders.: *s. v.* STADE – Jesuiten (1629–1632), in: J. Dolle (Hrsg.): Niedersächsisches Klosterbuch, 3, Bielefeld 2012, S. 1381 f.

37 M. Nistal, Die Zeit der Reformation, S. 123 f.

38 Siehe oben Anm. 24.

39 Siehe unten den Jahresbericht Stade zu 1632 [2.], S. 28.

40 M. Nistal, Die Zeit der Reformation, Abb. 22, S. 125. – Zur Sache ausführlicher: B. Duhr, Geschichte der Jesuiten, S. 130 f.

Seite Resignationen oder Repressionen gegeben hat? Einer der Bürgermeister wechselte wenig später sogar das Bekenntnis[41].

2. 2. EINFÜHRUNG IN DIE LITTERAE ANNUAE VON OTTERNDORF

In Otterndorf hat 17 Jahre lang von 1712 bis 1731 eine kleine Missionsstation der Jesuiten bestanden. Sie verdankte ihre Entstehung dem Umstand, dass das Land Hadeln nach dem Aussterben der Askanier als Lehen an den Kaiser zurückgefallen war und nun unmittelbar unter kaiserlichem Sequester, also Verwaltung des obersten Lehensherren infolge des heimgefallenen Lehens stand. Beim Tod des letzten Herzogs Julius II. Franz 1689 waren sofort acht Parteien der benachbarten Fürsten präsent, die bedeutendsten unter ihnen waren die sächsischen Kurfürsten der albertinischen Linie in Dresden und die Herzöge von Mecklenburg-Schwerin, „die Ansprüche auf das lauenburgische Erbe erhoben. Gegen all diese Ansprüche und Rechtstitel, Pläne und Absichten konnten sich [im Kernterritorium] die Welfen, die Herzöge von Braunschweig-Lüneburg und besonders die Linie Braunschweig-Lüneburg-Celle durchsetzen, indem sie mit militärischen Mitteln rasch vollendete Tatsachen schufen"[42].

„Beim 'Lauenburgischen Erbfall' 1689 bekam das Land Hadeln einen vom übrigen Lauenburg abweichenden Status. Zunächst hatten die Töchter des letzten askanischen Herzogs das Land als Allod ausgegeben, in dem auch die weibliche Erbfolge gelte[43]. Die Hadeler Stände waren zunächst bereit, diese Position anzuerkennen, ließen sich dann aber von den Argumenten des kursächsischen Abgesandten überzeugen und huldigten dem sächsischen Kurfürsten am 3. Oktober 1689. Doch wenige Tage später sorgte ein Vertreter des Kaisers für die Durchsetzung des Reichsrechts: Der Kaiser zog das Land Hadeln als Reichslehen an sich und setzte einen Sequester ein"[44]. Denn es war insbesondere für das kleine Land Hadeln wie aber auch für die Nachbarlandschaften des seit 1648 zum Herzogtum Bremen-Verden säkularisierten vormaligen Erzstifts Bremen nicht klar, ob es als politische

41 Vgl. den Jahresbericht der Jesuiten zu Stade unten zum Jahre 1631 [5.], hier S. 34 ff., mit: C. W. E. Freudentheil, Kurze Geschichte der Stadt Stade, Anhang, S. 7: Cordt Bandes (†1645), Johann Reusse (†1646), Johann Adolff Kamper (†1646), David Schwarte (†1641), Johann Kruse (†1653) und Johann Hanne sind erst ab 1632 erwähnt. – Johann Friedrich Cocceus, zunächst Syndikus, Stiftsherr von Sankt Ansgar, wechselte zum katholischen Bekenntnis und verzog nach Bremen.

42 Eckard Opitz: Die „hannoversche Zeit". Das Herzogtum Lauenburg im 18. Jahrhundert, in: Ders.: Herzogtum Lauenburg, Neumünster 2003, S. 236–281, S. 239.

43 Die Tochter Anna Maria Franziska (1672–1741) heiratete 1690 in erster Ehe den Pfalzgrafen Philipp Wilhelm von Neuburg (1668–1693) und in zweiter Ehe 1697 den Großherzog von der Toskana Gian Gastone de Medici (1671–1737). – Die zweite überlebende Tochter Franziska Sibylla Augusta (1675–1733) heiratete den Markgrafen Ludwig Wilhelm von Baden (1655–1707), den „Türkenlouis".

44 Wie Anm. 42, V. Das Land Hadeln 1689–1815, S. 256–258, S. 256.

Entität weiterhin Bestand haben oder an einen der benachbarten Territorialherren fallen sollte[45]. Durch die Verträge des Westfälischen Friedens war Bremen-Verden zunächst an die Schweden gefallen[46], die aber dieses von ihrem Mutterland weit entlegene Land nicht machtvoll hatten regieren können – ein Urteil, das nicht die unmittelbare Verwaltung betrifft, sondern die machtvolle Behauptung der Herrschaft[47]. So stritten sich im Prinzip die Nachbarstaaten schon länger um diese Herrschaft, die Dänen, die Bischöfe von Münster, die Welfen in Braunschweig und Hannover, die seit 1714 zusätzlich die englischen Könige stellten.

Die Jesuitenmission war nicht etwa dem Wirken des Damian Hugo von Schönborn zu verdanken – der seit Januar 1711 in Hadeln Sequestrations-Kommissar des Kaisers war und vorher in Hamburg die Verfassung der Stadt neu geordnet hatte[48] –, sondern der Initiative des Beichtvaters Kaiser Karls VI., des Jesuitenpaters Vitus Georg Tönnemann. Dieser hatte es sich zur Aufgabe gemacht, die Militärseelsorge seines Kaisers auf eine neue Grundlage zu stellen und möglichst allen Soldaten eine katholische Seelsorge zu garantieren[49]. Dementsprechend sollte auch die kaiserliche

---

45 Die Jesuiten kommentieren das in den Glückstädter *litterae annuae,* wie folgt: *Est Otterendorp caput ditionis Hadelensis, quae mortuo ante biennium sine masculo haerede serenissimo duce Saxone-Lauenburgico gloriae memoriae inter plures eius ducatus velut feudum caducum a pluribus competitoribus postulatur teneturque interea, dum eorum iura ac tituli examinantur, sequestro ac praesidio augustissimi Caesaris.* – „Otterndorf ist der Hauptort der Herrschaft Hadeln, die nach dem Tod des Herzogs von Sachsen-Lauenburg ruhmreichen Gedenkens – vor zwei Jahren ohne männliche Erben – als zurückfallendes Lehen unter mehreren seiner Herzogtümer von mehreren Bewerbern beansprucht wird und in der Zwischenzeit, während ihre Rechte und Ansprüche geprüft werden, unter dem Sequester und Schutz des Kaises steht"; C. Flucke/M. Schröter: Die *litterae annuae* .. von Glückstadt, Münster 2015, S. 252 f.

46 K.-R. Böhme: Verwaltungspraxis und Kriegsfinanzierung in den Herzogtümern Bremen und Verden 1645–1676, in: J. Bohmbach (Bearbeiter): Die Bedeutung Norddeutschlands für die Großmacht Schweden im 17. Jahrhundert, Stade 1986, S. 49–52.

47 B.-C. Fiedler: Grundzüge der Verwaltungsorganisation 1652–1712 und der Forschungsstand zur Schwedenzeit, in: J. Bohmbach, Die Bedeutung, S. 57–69.

48 H.-D. Loose: Das Zeitalter der Bürgerunruhen und der großen europäischen Kriege 1618–1712, in: Ders. (Hrsg.): Hamburg, Geschichte der Stadt und ihrer Bewohner, Band I: Von den Anfängen bis zur Reichsgründung, Hamburg 1982, S. 259 –350, S. 286 f. – A. Flurschütz da Cruz: Zwischen Reich und Revolte, ZHG, 99, 2013, S. 1–29.

49 Zur Person des Jesuitenpaters Tönnemann: W. Thöne: Vitus Georg Thönemann 1659–1740. Ein Paderborner Diplomat am Hofe Kaiser Karls VI. In: Westfälische Zeitschrift, 91, Abt. 2, 1935, S. 47–60. – H. F. Thonemann: *Confessor to the Last of the Habsburgs.* The Emperor Charles (1685–1740) and Georg Tönneman, SJ (1659–1740), Banbury 2000. – Die *litterae annuae* verraten diesen Umstand nur indirekt, indem sie die Initiative zu einer Missionsstation mit der Aufgabe der Militärseelsorge unmittelbar dem Kaiser zuweisen., siehe unten den Jahresbericht zu 1713 [1.], S. 38 f.: *Tandem placuerat Augustissimo nostro militari suo, quod Otterendorpii habuerat, praesidio sacerdotem e societate nostra adiungere.* – „Endlich hatte unser Kaiser beschlossen, seiner Garnison in Otterndorf einen Priester aus unserer Gesellschaft beizugeben".

Garnison in Hadeln ihren Militärpastor bekommen. Eine gewisse Rolle bei der Entstehung der Otterndorfer Mission hat auch der Apostolische Vikar Agostino Steffani gespielt, der offenbar mehr wollte, als nur die Militärseelsorge vor Ort[50]. Die Mission ist in der Literatur Hadelns bisher nur kurz angesprochen worden. Der Tenor der Darlegungen war der lutherischen Grundüberzeugung entsprechend sehr ablehnend[51]. Bei der redaktionellen Arbeit des im 2012 erschienenen Niedersächsischen Klosterbuchs ist die Otterndorfer Mission der Jesuiten offenbar übersehen worden.

Schon seit Beginn des kaiserlichen Sequester 1689 war Hadeln mit seinem Hauptort Otterndorf in das Blickfeld der Jesuiten geraten. Die kaiserlichen Soldaten, die vorwiegend katholischen Glaubens waren[52], wurden von 1690 bis 1699 regelmäßig bis zu dreimal, ab 1700 sogar viermal im Jahr durch die Glückstädter Jesuiten besucht[53]. Hinzu kam die Betreuung einer Gruppe von Arbeitsmigranten, Kesselschlägern aus dem Brabant, die ganz unabhängig von den anderen politischen Ereignissen Arbeit im Lande gesucht und mit ihren Familien sich vor allem in Neuhaus im Land Kehdingen und in Otterndorf angesiedelt hatten[54]. Die wiederholten Aufenthalte der Patres in diesen Orten werden in den *litterae annuae* zwar erwähnt, ihr Hintergrund dagegen mit keinem Wort[55]. Die Patres beklagten

---

50 Siehe unten den Jahresbericht zu 1713 [15.], S. 44 f.

51 Chronik des Landes Hadeln nebst interessanten Auszügen aus der Geschichte der Ämter Ritzebüttel, Bederkesa und Neuhaus, des Landes Wursten und des Landes Kehdingen, Otterndorf 1843, S. 422.

52 Das behaupten zumindest die Jahresberichte der Glückstädter Jesuiten zum Jahre 1696 [10.], S. 278: *Servati insuper sunt dispersi per omnem patriam catholici, praesertim in praesidiis serenissimi regis nostri et Hadelensi in patria, quam sequestro augustissimi Caesaris subiectam milites plerique catholici defendunt.* – „Weiterhin wurden über das ganze Land zerstreute Katholiken bewahrt, besonders in den Garnisonen unseres [dänischen] Königs und im Lande Hadeln, das dem Sequester des Kaisers unterliegt und das meistenteils katholische Soldaten beschützen".

53 Reisen der Glückstädter Missionare nach Hadeln bzw. Otterndorf sind erwähnt in den Jahresberichten zu: 1691 [12.], S. 246 f.; 1692 [10.], S. 252 f.; 1696 [10.], S. 278 f., 1697 [12.], S. 288 f., 1698 [4.], S. 290 f., 1699 [2.], S. 296 f., 1700 [1.], S. 300 f., 1701 [4.], S. 306 f., 1703 [9.], S. 320 f., 1706 [3.], S. 334 f., 1707 [14.], S. 344 f., 1708 [6.], S. 350 f. – In den Jahren 1693 bis 1695 sind diese Reisen zwar nicht explizit erwähnt, aber doch anzunehmen.

54 J. Mertens: Handel en Wandel van den teuten in Duitse gewesten. Studie van de migratie van „Brabanders" en „Luikenaars" tijdens de 16de – 19de eeuw, Lommel 1995, S. 211: wird z. B. Martin Schönis aus Brabant, aus Schaffen bei Diest, erwähnt.

55 Siehe C. Flucke/M. Schröter, *Litterae annuae* von Glückstadt, 2, zum Jahre 1738 [8.], S. 552. – Offenbar wurde diese Gruppe Mitte des 18. Jahrhunderts bedrängt; 1750 untersagte der Erste Neuhauser Beamte Johann Julius Salder (im Amt 1731–1761†) einem Glückstädter Missionspater die Sakramentenspendung, ebd., zu 1750 [3.], S. 612. Ob dem eine Direktive aus Hannover zugrundelag oder die Gründe in der Person zu suchen sind, muss offenbleiben. Zu Salder siehe auch unten Anm. 39, S. 102 f., und Anm. 52, S. 108 f. – Offenbar scheint es 1760 wieder eine gewissen Entspannung

später vor allem die im Winter unternommene Fahrt, die bis zu acht Stunden andauerte, bei der etwa sechs deutsche Meilen zurückgelegt wurden[56] und die durchaus gefährlich sein konnte[57]. Nach dem Ende des Sequesters 1731 orientierten sich einige der Otterndorfer Katholiken zum Osterfest nach Hamburg[58]; ab 1732 sind wieder Reisen der Glückstädter Jesuiten nach Otterndorf erwähnt[59]. Zu 1738 wird die inzwischen längst aufgelöste Mission noch einmal erwähnt[60]. Man könnte diese Mission also als eine Tochtergründung der Glückstädter Mission ansprechen, wenn man in den Filiationen der Cisterzienser denkt. Tatsächlich waren ihre Missionare auch überwiegend vorher schon in Glückstadt tätig gewesen.

---

gegeben zu haben, weil die Missionpatres aus Glückstadt von „gewöhnlichen Reisen" dorthin sprechen, ebd., zu 1760 [8.], S. 672.

56 Der Glückstädter Jesuit Leonhard Pfeilsticker schreibt zu 1732 [4.], S. 516 f.: *Ipsa media hieme mediaque perfrigida nocte in aperta non magna navi Otterendorpium in Hadeliam iter ad 5 milliaria Germanica agendum est.* – dass er sich „mitten im Winter und mitten in eiskalter Nacht in einem nicht großen und offenen Boot nach Otterndorf in Hadeln auf den Weg machen musste", um einem Kranken beizustehen.

57 Tatsächlich sind 1746 am Dienstag nach Ostern, also am 12. April, viele Katholiken durch ein Kabbelwasser in der Elbe ertrunken, die in Hammelwörden auf dem Friedhof beigesetzt wurden. – Vgl. den Auszug aus dem Hammelwördener Kirchenbuch zu 1746, April 12: „Am dritten des heiligen Osterfest hat sich folgender betrüblicher zufall begeben, da der schiffer von unserem haven eine versammlung der papisten von ihrer kirchen zu Glückstadt abgeholet, welche unterwegs umgekommen und von 28 personen nur 3 personen errettet und das leben behalten; die übrigen 25 sind alle kläglich ertrunken, und des abends beygesetzt" mit der Darstellung der Glückstädter Jesuiten, ed. C. Flucke/M. Schröter, Die *litterae annuae* ... von Glückstadt, zu 1746 [10.]–[13.], S. 600–603.

58 *Litterae annuae* ... aus Altona und Hamburg, Jahresbericht zu 1732 [10.], S. 884 f.: *In sacro tribunali sedimus hoc anno saepius more solito et diutius, quia adventitii e Bohemia et Brabantia, alias exigua quadra Otterndorpi vivere soliti, huc se circa Pascha conferre coguntur et labores concatenatos auxerunt in excipiendis plurimis confessionibus* ... - „Im Beichtstuhl saßen wir in diesem Jahr öfter und länger als gewohnt, weil Zugezogene aus Böhmen und Brabant, die sonst in Otterndorf von ihrem kärglichen Brot lebten, sich gezwungen sahen, sich Ostern hierher zu begeben; und sie vermehrten die eng aneinander geketteten Mühen mit viel Beichthören ...".

59 Die Glückstädter Jesuiten reisten also wieder und das ist explizit erwähnt in den Jahresberichten zu: 1732 [4.], S. 516 f., 1734 [6.], S. 526, 1738 [1.], S. 548.

60 *Litterae annuae* ... von Glückstadt, hrsg. v. C. Flucke/M. Schröter, zu 1738 [1.], S. 548 f.: *[Labores missionarii] catholicis acatholicisque per Hadeliam, quae pars est ducatus Bremensis cuiusque oppidum princeps est Otterendorpium, quondam huius societate nostra missionarii sedes, at nunc ab omni sacerdote catholici deserta, ... impenderunt.* – Die Missionare wandten Mühen „für Katholiken und Nichtkatholiken ... in Hadeln (das ist ein Teil des Herzogtums Bremen und dessen Hauptstadt ist Otterndorf, einst Sitz eines Missionars aus unserer Gesellschaft, aber jetzt von jedem katholischen Priester verlassen)" auf.

Die kleine Mission in Otterndorf wurde durch die kaiserliche Kasse finanziert[61]. Aber auch der andere Dienstherr der Jesuiten, der dänische König, erwartete vom Otterndorfer Missionar die geistliche Betreuung seiner Soldaten im Elbe-Weser-Raum[62]. Wenn der Missionar dafür keine Besoldung unmittelbar erhielt, dann bekamen die Jesuiten auf jeden Fall andere Vergünstigungen – etwa eine weitgehende Bewegungsfreiheit – für ihr Wirken in Schleswig-Holstein.

Wo der Pater wohnte und die Kapelle eingerichtet war, lässt sich nicht genau bestimmen. Da der Pater 1718 nach der Weihnachtssturmflut umziehen musste, wird er die ersten fünf Jahre im tieferen Teil Otterndorfs an der Medem gewohnt haben[63]. Das zweite Quartier brannte 1723 teilweise ab[64]. An dritter Stelle wohnte er bei dem Akzise-Einnehmer[65]; in diesem Haus befand sich damals auch die Kapelle.

Die Jesuiten berichten auch von innerlutherischen Auseinandersetzungen. Im Kern geht es hier um die Konfliktlinie zwischen der lutherischen Orthodoxie, wie sie vor allem durch die schwedische Verwaltung im Herzogtum Bremen-Verden in einer „gewissen Festigkeit in Lehre und Liturgie" gegen „synkretistische und pietistische Streitigkeiten" akzentuiert

---

61 Siehe unten den Jahresbericht zu 1728 [9.], S. 110: [9.] *Benefactorem non habet missio, nisi Augustissimum Caesarem, qui annuum stipendium constanter solvi facit.* – „Zum Wohltäter hat die Mission nur den erhabenen Kaiser, der den jährlichen Unterstützungsbeitrag beständig auszahlen lässt".

62 Siehe unten den Jahresbericht zu 1714 [15.], S. 54 f. – Es gibt noch weitere Berichte.

63 Vielleicht lässt sich der Ort der ersten Kapelle des Missionars in etwa bestimmen: Im Jahresbericht von 1715 [6.] erfährt man, dass der Hauswirt der Kapelle ein Katholik war, der sehr genau die – engen – rechtlichen Grenzen gewahrt wissen wollte, um den sozialen Frieden nicht zu stören. – Seine Tochter starb 1713 an der Pest: Ebd. [11.], S. 40. – Von der Weihnachtssturmflut war auch das Wohnhaus des Missionars betroffen; er musste eine andere Wohnung suchen: Siehe unten Jahresbericht zu 1718 [1.], S. 82. – Kombiniert man diese Nachrichten mit anderen Quellen, so erscheint im Totenbuch der Glückstädter Gemeinde unter den Pestopfern von 1713 am 18. Juli „Susanna Elisabetha Knoeck, *infans*", C. Flucke/M. Schröter, *Litterae annuae* ... von Glückstadt, 2, Anhang 16. [5.], zu 1713 [10.], S. 761. Eine Familie Knoeck erscheint unter den Glückstädter Familien ansonsten nicht. – Im Ältesten Otterndorfer Stadtbuch, hrsg. von R. Tiensch, erscheint der Arzt Marx Knoep (1682–1727), Bürgerssohn, Senator (1723), Nr. 1804, S. 170. – Ebd. ist ebenso der Arzt Christian Kleimann (†1723) verzeichnet, Nr. 1696, S. 151, dessen Wohnhaus außerhalb des Westertores der Stadt besonders von der Flut betroffen war. – Wenn man diese Angaben kombiniert, wäre es dann nicht vorstellbar, dass der Arzt Knoep der Hauswirt für die Kapelle der Mission war und dass der Pater beim Kollegen zur Miete wohnte?

64 Siehe unten den Jahresbericht zu 1723 [1.] bis [3.].

65 Siehe den Jahresbericht zu 1728 [7.], S. 110?: *unum ad habitationem in administratoris telonii viri catholici domo, ubi sacellum est, ...* – „Ein Recht bezüglich seiner Wohnung im Haus des Zollverwalters, eines Katholiken, wo die Kapelle ist, ...". – Im Ältesten Stadtbuch Otterndorfs ist als Zolleinnehmer Jacob Rademacher (†1762), Zweiter Bürgermeister (1728), verzeichnet, Nr. 1852, S. 179.

worden ist[66]. Durch die überwiegend einheimischen Amtsträger galt Ähnliches auch für das Land Hadeln. Da musste eine landfremde personelle Neubesetzung des Stader General-Superintendenten mit Lucas Bacmeister (*1672 in Celle, †1748), der dann den Katechismus des Justus Gesenius aus Hannover im Geiste des Pietisten Philipp Jacob Spener (1635–1705) zur Grundlage der lutherischen Glaubensverkündigung machen wollte, auf Widerstand stoßen[67].

Die *litterae annuae* von Otterndorf zeichnen sich wegen unterschiedlichen Umfangs und verschiedenartiger Ausgestaltung durch mehrere Besonderheiten aus. Ihre anfängliche Autorenschaft ist eindeutig zu klären, auch wenn sie schon bei ihrem Umlauf durch die Niederrheinische Provinz des Ordens und auf jeden Fall bei ihrer Niederschrift in dem Vorort der Provinz in Köln redaktionell überarbeitet worden sind. Die *litterae annuae* dürfen als eine besondere literarische Gattung gelten, die weder der pragmatischen noch einer schöngeistigen Literatur zuzurechnen ist, sondern in ihrer Entstehung und ihrem Darstellungsgestus Elemente beider Schriftlichkeitsformen vereint. Die Textsorten entsprechen in ihrer Unterschiedlichkeit durchaus ihren Themen. Die Sprache und Gedankenführung entlehnen die Verfasser der Geschichtsdarstellung des Livius[68]. Wie bei diesem antikrömischen Historiker steht das Verhalten von Personen im Mittelpunkt. Im Folgenden möchte ich zum Verständnis der literarischen Gattung einen Teil der Einleitung der *litterae annuae* von Friedrichstadt und Glückstadt übernehmen, um den Leser weiter in diese Form einzuführen.

2. 3. HINFÜHRUNG ZU FORM, STIL UND INHALT DER *LITTERAE ANNUAE*

Blickt man auf Stil und Gedankenführung der *litterae annuae*, fallen zum Teil Schlichtheit und Gleichheit in Schriftform und Leserlenkung auf: „Ihre Aufzeichnungen sind immer nur streng annalistisch auf das Einzelne, auf das gerade Gegenwärtige, das Nächstnotwendige gerichtet“[69]. Pater Bernhard Duhr betont die „Einseitigkeit“ der Darstellung, heute würde man eher von einer perspektivischen Gebundenheit sprechen[70]. In diesem Zusammenhang sei ausdrücklich erwähnt, dass die Texte nicht ohne ein

66 F. Köster, Geschichte des königlichen Consistoriums, S. 17.

67 Zu Dr. Johann Dieckmann, ebd., S. 37 f.

68 Dieser Beeinflussung systematisch nachzugehen, wäre lohnend.

69 F. v. Löher: Über handschriftliche Annalen und Berichte der Jesuiten, Sitzungsberichte der königlich bayerischen Akademie der Wissenschaften, 1874, S. 155–184, S. 160 f., S. 159.

70 B. Duhr: Geschichte der Jesuiten in den Ländern deutscher Zunge, Erster Band: Geschichte der Jesuiten in den Ländern deutscher Zunge im XVI. Jahrhundert, Freiburg/Breisgau 1907, S. 677 f.

geschärftes Bewusstsein für die Ideologiekritik mit Gewinn gelesen werden können[71].

Im Falle der Otterndorfer *litterae annuae* kann man die ursprüngliche Urheberschaft klären, da ja nur ein Missionspater vor Ort war. Bald nach ihrer Abfassung kursierten die *litterae annuae* erst einmal innerhalb der jeweiligen Ordensprovinz in den anderen Häusern. Im jeweiligen Provinzialat wurden dann die dabei veränderten Versionen gesammelt und redaktionell überformt. Für die Niederrheinische Provinz geschah das in Köln. Diese durch die Überarbeitung auf der Ebene des Provinzials erstellte Version wurde dann an die römische Zentrale gesandt. In Rom wurde das Produkt auf Beschluss der vierten Generalkongregation 1581 nochmals für eine mögliche Druckpublikation kompiliert; die erste erschien 1583.

In den umfangreichen Folianten der Archive in Köln und Rom folgen die Einträge zu den Einzelniederlassungen in deren ordensinterner Systematik aufeinander: Erst kommen in Kapitelform die *collegia* (Kollegien), dann folgen die *residentiae* (Residenzen), und zuletzt schließen sich die *missiones* (Missionen) an, wobei die Orte innerhalb dieser Kapitel jeweils in alphabetische Reihenfolge gebracht sind. Die vorliegende Edition berücksichtigt bewusst nur die Einträge der *missio Otterendorpiensis,* ediert somit die handschriftliche Überlieferung nur in den lokalen Ausschnitten.

Sie geht im Kern von einer Vorlage aus: den handschriftlichen Beständen aus der niederrheinischen Provinz der Jesuiten, die – wie gezeigt – die Texte redaktionell entscheidend geformt hat. Die betreffenden Handschriften befinden sich heute im Historischen Archiv der Stadt Köln[72].

Die Länge der Aufzeichnungen der *litterae annuae* für ein Jahr orientierte sich zunächst am Gebrauch der Texte: Sie dienten in den Niederlassungen der Jesuiten zur Tischlektüre und durften daher weder zu lang noch zu aus-

71 Zur Ideologiekritik Hans-Jürgen Pandel: Quelleninterpretation, Schwalbach im Taunus 2000, S. 115: „Es kommt auf die 'Vermittlung' von Vergangenheit und Gegenwart durch die Interpretation an. Geschichtliches Lernen bzw. geschichtliche Sozialisation ist somit eine Einübung in gemeinsame Traditionszusammenhänge. Diese Traditionszusammenhänge sind aber ihrerseits Vorverständigung für Verstehen. Das bedeutet zugleich, 'dass der Überlieferungszusammenhang als der Ort möglicher Wahrheit und praktischen Verständigtseins zugleich auch der Ort faktischer Unwahrheit und fortdauernder Gewalt ist' (Albrecht Wellmer). Damit Interpretation nicht zu einer schweigenden Komplizenschaft zwischen Autor und Interpret wird, ist Kritik nötig".

72 Historisches Archiv der Stadt Köln, 2. Nichtstädtische Überlieferung, 2.2. Geistliche Provenienzen, 2.2.1. Einzelne Stifte und Klöster, Jesuiten (Bestand 223), Niederrheinische Ordensprovinz der *Societas Jesu*, Jahresberichte der Provinz – *litterae annuae provinciae Societatis Jesu Rheni inferioris*, A 642–A 656, Laufzeit von 1680 bis 1772 mit Lücken; für die Otterndorfer Mission ist nur die Zeit von 1713 bis 1732 von Interesse. – Die Sicherungsmicrofilme aus der Zeit des Ost-West-Konflikts wurden nach dem Einsturz des Archivs 2009 gescannt und ins Netz gestellt, die nun schrittweise durch Digitalisate der erhaltenen Handschriften substituiert werden.

gedehnt sein. Anders als in mittelalterlichen Vorbildern für die *litterae annuae* sind hier die Informationen zu den einzelnen Jahren ausführlicher und – mit Blick auf die formulierten Textsorten – durch *exempla* über die individuelle Entwicklung von Helden oder Antihelden angereichert. Die Verfasser glaubten in Fortführung mittelalterlicher Traditionen an Gottes Wirken in der Schöpfung, aber doch in verborgenerer Form, die man nur distanziert wahrnehmen konnte. Und die *litterae annuae* sind etwas anders aufgestellt: Hier ging es für die Laien[73] mehr um die Bewährung in der Welt, und das hieß für Otterndorf in einer streng lutherisch geprägten Umgebung.

Thematisch sind die Texte zu den einzelnen Jahren klar strukturiert. Das entsprach zum einen den normativen Vorgaben durch die *forma scribendi*, die auch als *methodus historiae collegiorum conscribendae* für die einzelnen Niederlassungen verbindlich gemacht wurden, überliefert etwa für das Heiligenstädter Kolleg[74]. Aufgrund erheblicher gesundheitlicher Einschränkungen und dann der daraus erfolgten Abberufung eines Paters kommt es im Falle Otterndorf zu Lücken; für einige Jahre liegen die Berichte gar nicht vor. Zudem unterscheiden sie sich in Länge und Intensität erheblich voneinander. Ein besonders ausführlicher Berichterstatter war Pater Heinrich Schreiber, der erste Missionar.

Die jeweiligen Jahresberichte folgen einem immer wieder benutzten Schema: Tätigkeiten der Patres: Seelsorge in Gottesdiensten und beim Beichthören, dabei der Blick auch auf katholische Soldaten und ihre Bedürfnisse in der auch für sie fremden Landschaft Hadeln – Reisen der Missionspatres, insbesondere in das benachbarte Herzogtum Bremen-Verden zur Betreuung des katholischen Bevölkerungsanteils, Beistand für Gefangene und zum Tode Verurteilte, – die Betreuung von Armen, Handwerksburschen, Domestiken (gemeint sind ältere Menschen, insbesondere Witwen, verlassene Kinder und auch Hausangestellte) und geflohenen Mönchen und Priestern – erfolgreiche Konversionen bisweilen einflussreicher Persönlichkeiten – Einrichtung und Betreuung einer katholischen Elementarschule[75] – Erwerbungen für eine Bibliothek der Niederlassung – Stiftungen an die katholische Gemeinde in Otterndorf sowie Lebenswelt und Schicksal ihrer Stifter – Zahlen der Gottesdienstbesucher und Aus-

---

73 Adressaten der *litterae annuae* waren die Patres, die aber für ihre missionarisch-seelsorgerische Tätigkeit Anregungen und Problembewusstsein erwarten durften. Und diese galt ja vorwiegend Laien, die weitgehend auf sich selbst gestellt waren.

74 J. Freckmann (Hrsg.): *Historia Collegii Heiligenstadiani*, Magdeburg 1929, S. 1. – C. Flucke hat diese *methodus* übersetzt: Episoden aus den Jahresberichten der Hamburger Jesuiten 1618–1773, BMVkKG, 10, 2013, S. 71–90, S. 72 f. – Zum Kolleg: H.-G. Aschoff: Das Jesuitenkolleg in Heiligenstadt, in: Torsten W. Müller (Hrsg), Von der Reformation zur Konfession. Die Jesuiten und ihr Reformprogramm im Eichsfeld, Erfurt 2017, 55–76.

75 Dazu schon: H. Holzapfel: Das katholische Schulwesen in der Nordischen Mission, Paderborn 1973, insbesondere Kapitel 2, S. 17–35.

stattung des katholischen Gotteshauses, in Otterndorf im Hause des Akzise-Einnehmers gelegen, – Segenswunsch für die Mission, ihre Gemeinden und ihre Stifter. Das entsprach so den Vorgaben des Ordens zu den *ministeria consueta,* zu denen über die genannten Punkte hinaus auch die „Versöhnungs- und Vermittlungstätigkeit in sozialen und vor allem innerfamiliären Streitfällen“[76] zählten. In solche Streitfälle konnten die Jesuiten zudem durch antijesuitische Polemik, verstärkt im 18. Jahrhundert, geraten, die von verschiedenen Seiten, nicht nur von Seiten der Lutheraner, sondern durchaus ebenso von Seiten katholischer Institutionen und Dynastien, veranlasst durch politische Interessen, ausgingen[77]. Insofern sahen sich die Patres in gewissen Umfang zu apologetischem Tun veranlasst. Ihren Erfolg bemaßen die Jesuiten dabei in Zahlen: von Täuflingen, Eheschließungen und Gottesdienstbesuchern. Dass Konversionen subjektive und innere Ereignisse der rezipierenden Personen sind, wurde nicht näher reflektiert.

Wir erfahren in den Otterndorfer *litterae annuae* aber auch erheblich mehr über das innere Erleben ihrer drei Verfasser. Ein immer wieder berührtes Hauptthema ist die Ablehnung der Katholiken durch die streng lutherisch erzogene Bevölkerung[78], der religiöse Toleranz als Haltung weitgehend abging, anders als das in Glückstadt oder in Friedrichstadt der Fall war. In beiden Städten gab es größere Gruppen innerhalb der städtischen Gesellschaften, die anderen Glaubens waren. In beiden Städten hielten sich nämlich viele Ausländer auf und zu einem guten Teil hatten die Stadtgesellschaften zudem bewusst als Exulantenstädte im Sinne ihrer Stadtgründer und Landesherren Fremde aufgenommen, die an ihren Heimatorten politisch-religiöse Verfolgung erlitten hatten, und nun ihrerseits mäßigend wirkten. Friedrichstadt fasste überwiegend eine ursprünglich holländische Bevölkerung; ihre Muttersprache war *lingua franca*[79]. Anders

---

76 M. Friedrich, Der lange Arm Roms? S. 32.

77 Ebd., S. 34.

78 Tatsächlich ging die Kontrolle offenbar von einem Teil der lutherische Prediger aus, die durch die Obrigkeiten entsprechend angewiesen waren, vgl. dazu oben, S. 16 f. – Eine Rolle spielten dabei offenbar zunächst auch die Schultheißen (dazu unten der Jahresbericht von 1715 [13.], S. 74 f.; der Landesherr selbst war ja katholisch (wie im Falle der letzten Lauenburgischen Herzöge) bzw. von einer katholischen Obrigkeit (dem Kaiser während der Sequester-Verwaltung) eingesetzt. – mit der Darstellung des Jesuitenpaters Heinrich Schreiber zum Jahresbericht 1714, unten S. 46 f.: *Lutheranismus ... nervos ergo omnes eo iam intendit, ut saltem secta haec papalis, idololatria, ut volunt appellare, nec firmiores agat radices nec suum virus ultra diffundat.* – „Der Lutheranismus ... richtete also alle seine Kräfte schon darauf, dass diese päpstliche Sekte, die Götzenverehrung, wie sie sie nennen wollen, wenigstens weder stärkere Wurzeln schlagen noch ihr Gift weiter verbreiten könne“.

79 Zur Situation in Glückstadt: M. J. Schröter: Einführung, in: C. Flucke/M. J. Schröter: Die *litterae annuae* von Glückstadt (wie Anm. 44), S. 14–16. und in Friedrichstadt: Ders.: Einführung, in: C. Flucke/M. J. Schröter: Die *litterae annuae* von Friedrichstadt, im Druck, S. 15–18.

im Land Hadeln. Dort war die einheimische Bevölkerung weitgehend unter sich geblieben, auch die Pastoren entstammten meist der Region. Die Verfasser der *litterae annuae* nehmen sogar das Klima und die Witterung in Otterndorf an der Nordseeküste als feindselig wahr[80]; denn zwei unter ihnen waren schwer erkrankt. Diese Äußerungen mögen auch Ausdruck eines latenten Heimwehs nach den deutlich wärmeren Landen des Rheinlandes und Westfalens gewesen sein. Ganz einheitlich war das Verhalten der evangelischen Pastoren nämlich nicht; durch die Vertreter der einheimischen Verwaltung in Hadeln, mehr noch im Herzogtum Bremen-Verden, erfuhren die Patres sogar eine stillschweigende Toleranz, welche die eigentlich eindeutig-strikten Gesetzestexte sehr liberal auslegten[81] und damit den Patres eine raumgreifende Seelsorge ermöglichten. Auf der anderen Seite fand auch nicht jeder der eingesetzten Patres den richtigen Ton; einer wurde – trotz seiner langjährigen Vertrautheit als Pfarrer mit den Glückstädter Verhältnissen – relativ schnell wieder abberufen und durch einen diplomatischeren Vertreter ersetzt[82].

---

80 So fügte Pater Heinrich Schreiber folgende Überlegungen seinem Jahresbericht von 1723 bei: *Qui insuper sub hoc morbido* [fol. 88r] *caelo, quod extraneus rarissime subit, quin gravi infirmitate correptus quasi ingrediendi temeritatem luat, a quo fato ne illi quidem exempti sunt, qui hic nati et educati post aliquot annorum absentiam ad patrium et nativum clima redierunt, sub hoc, inquam, morbido caelo missionarium loci aeri, laesionibus caediisque gravissimis iam assuetum sanum firmumque caelites conservaverunt …* – „Die Himmlischen bewahrten dazu unter dem hiesigen krankmachenden [fol. 88r] Himmel, dem sich ein Auswärtiger äußerst selten unterzieht, ohne dass er von schwerer Krankheit ergriffen seine Verwegenheit, das Land zu betreten, büßt – von welchem Schicksal nicht einmal die ausgenommen sind, die, hier geboren und erzogen, nach einigen Jahren Abwesenheit in das väterliche und angeborene Klima zurückgekehrt sind –, unter diesem krankmachenden Himmel, sag ich, bewahrten sie den Missionar, der sich schon an die Luft des Ortes, schwere Verletzungen und Anschläge gewöhnt hatte, gesund und stark.

81 So gibt Pater Leonhard Pfeilsticker im Jahresbericht von 1726 [4.] zu erkennen, unten S. 108 f. [Es geht um einen Versehgang]: *quod tanto fidentius agere poterat, quia ex satrapa, cum ipsum alias officii et honoris causa primum convenisset, ultro inaudierat inhibitum sibi, ne in satrapia sibi concredita concederet sacra ritu catholico incolis orthodoxis ministrari, non obstiturum tamen, si, ubi vellet, pater missionarius catholicos viseret, …* – „Das konnte er umso zuversichtlicher tun, weil er herausgehört hatte, als er den Amtmann zum ersten Mal von Amts und der Ehre wegen aufgesucht hatte, dieser werde nicht einschreiten. Diesem sei es nämlich versagt worden, in dem ihm anvertrauten Bereich zu gestatten, dass den rechtgläubigen Einwohnern nach katholischem Ritus die Sakramente gespendet würden. Dem Missionar schien es, als ob der Amtmann mahnend sagen wollte, bei den Gelegenheiten solle der Pater Missionar, wenn er Katholiken besuche, wo er auch wolle, nur lautes Gerede darüber vermeiden".

82 Der in Otterndorf neu ankommende Pater Leonhard Pfeilsticker schreibt im Jahresbericht von 1726 [3.], siehe unten, S. 106 f.: *Laborat posterior, ex quo hic est, animos a multo tempore abs catholicis alienatos humanitate demereri, et adiuvante Deo huc rem promovit hactenus, ut non modo primarii quique de doctrina Lutheri ipsum colant et observent in privatis congressibus, sed de plebe omnes ad pueros usque per publicum euntem honore*

Die Jesuitenpatres blieben vom Anspruch her zwar dem Fernziel der Rekatholisierung des Elbe-Weser-Raumes verbunden. Aber im Gegensatz zu 1629 praktizierte man ein anderes, mehrstufiges Vorgehen, das zwar das Fernziel als Hoffnung noch formulierte[83], aber doch konkret und lebensnah mit der praktischen Seelsorge begann. Faktisch leisteten sie zunächst Seelsorge für die kaiserlichen Truppen, welche überhaupt ihre Anwesenheit und ihr Wirken legitimierten[84]. Darüberhinaus versuchten sie, eine katholische Gemeinde fest zu etablieren[85]. Auch versuchte man offenbar gezielt, einflussreiche Personen für die katholische Kirche zu gewinnen. Den Patres kam der Umstand entgegen, dass das vormalige Erzstift Bremen gar nicht zur Gänze lutherisch geworden war; an einigen Orten gab es eine offen oder latent katholisch gebliebene Bevölkerung. Erst 1704 war mit dem Tod der letzten Ordensschwester in Neukloster das dortige Kloster endgültig säkularisiert[86] und der Ort lutherisch geworden. Die Seelsorge für die Katholiken

---

multo praeveniant, ministri etiam fidei heterodoxae sive patris missionarii exemplo suaviter inducti sive verbis eiusdem et humanis commonitionibus persuasi ab insectanda, quod alias frequenter fecerant, re catholica iam plane abstineant.–„Seitdem sein Nachfolger hier ist, arbeitet er daran, mit Freundlichkeit die Zuneigung der Einwohner, die sich den Katholiken seit langer Zeit entfremdet hatten, wieder zu gewinnen; und mit Hilfe Gottes gelang es ihm bisher insoweit, dass nicht nur die führenden Leute und die von der Lehre Luthers ihn ehren und auf privaten Treffen sehen wollen, sondern auch die einfachen Leute einschließlich der Kinder ihm, wenn er über die Straßen geht, mit ehrenvollem Gruß zuvorkommen, die Diener des anderen Glaubens sogar, sei es durch das Vorbild des Pater Missionars sanft veranlasst, sei es durch seine Worte und freundliche Bemerkungen überzeugt, von der Hetze auf die katholische Sache gänzlich ablassen, was sie sonst häufig getan hatten".

83 Der Missionspater legte Folgendes im Jahresbericht von 1724 [4.], siehe unten S. 96 f., dem Bürgermeister, einem Katholiken in den Mund: *Asserente enim consule sibi certum esse, utut fata illa supervicturus, non gestum fore, ut tota provincia intra annos aliquot ad religionem catholicam rediret, indoluit consulari vaticinio praedicans et cum gravi suspirio subinfert profecto de facto numerum catholicorum nimium augeri.* „Denn als der Bürgermeister versicherte, er sei sich gewiss, mochte er auch diese Entwicklung nicht überleben, so werde doch die ganze Provinz innerhalb einiger Jahre zur katholischen Konfession zurückkehren, da bezeugte der Prediger seinen Schmerz über die Vorhersage des Bürgermeisters und fügte mit einem tiefen Seufzer hinzu, in der Tat vermehre sich die Zahl der Katholiken allzu sehr".

84 Wie es der Missionar in den Jahresberichten 1729 [7.], siehe unten, S. 120 f., selbst formulierte: Der Missionar, *qui uno et solo titulo castrensis missionarii salvaguardiae adest et ex ipso principis aerario salarium accipit,* „der einzig und allein unter dem Titel eines Feldmissionars der [kaiserlichen] Leibgarde am Ort ist und allein aus der Kammer des Fürsten sein Gehalt erhält".

85 So kann der Missionar 1718 [4.] von *in catholica hac communitate* reden, s. u., S. 86 f.

86 Von dem Neukloster bei Buxtehude und seinen Nonnen ist wiederholt in den Jahresberichten die Rede. In den vormaligen Hochstiften Norddeutschlands hielten sich vereinzelte katholische Institutionen noch viele Jahrzehnte, auch wenn die Bischöfe zum evangelischen Bekenntnis konvertiert waren und ebenso die Reformation in ihren Territorien einführten. 1592 wurde in Neukloster der erste katholische

hatten auch die Jesuitenpatres aus Hamburg und Glückstadt geleistet, wenn auch nur bei wenigen Besuchen anlässlich der christlichen Hochfeste im Jahr.

Die Patres wirkten wesentlich durch ihr Vorbild und „die harte Arbeit dieser Ordenspriester“[87]; sie nahmen keine Gebühren für die Spendung der Sakramente oder ihr Wirken bei der Bestattung Verstorbener. Auch mit ihren Predigten und durch die Organisation der Todesangst-Bruderschaft fielen sie auch jenseits ihrer engeren Klientel bei manchen Lutheranern positiv auf, die aus Neugier ihre Veranstaltungen besuchten. Die Jesuiten galten nämlich im 17. und 18. Jahrhundert als Spezialisten der *ars bene moriendi,* also als besonders gute Seelsorger, Menschen unterschiedlicher sozialer Herkunft auf ihren Tod vorzubereiten. Einen Schwerpunkt bildete dabei die Sakramentenseelsorge in der Dreiheit Beichte – Krankensalbung – Kommunion, wobei die Beichte nicht selten zu einer Lebensbeichte ausgeweitet wurde. Die Jesuiten haben dabei sogar die Klöster der „alten Orden“ in einer „fruchtbaren Symbiose“ beeinflusst, indem sie Exerzitienkurse für die Ordensleute abhielten, sogar als provisorische Novizenmeister wirkten und den Ordensnachwuchs an ihren Hochschulen ausbildeten[88]. In einem für die Laien reduzierten Programm lässt sich diese Seelsorge auch unschwer in den Otterndorfer *litterae annuae* wiederfinden[89].

Priester nach der Reformation bestattet. Seit 1645 war mit der Eroberung des Erzstifts Bremen durch die schwedischen Truppen die Säkularisierung sämtlicher noch bestehender Klöster unabhängig von ihrem Bekenntnisstand durchgeführt worden. Sie wurden seitdem an führende Männer der schwedischen Verwaltung verliehen. Die bisherigen Klosterinsassen wurden auf Lebenszeit alimentiert und deren freie Religionsausübung für diese Frist ebenfalls toleriert. Dazu: S. Graf: Die vier katholischen Klöster Harsefeld, Altkloster, Neukloster und Zeven im evangelischen Erzstift Bremen, Stader Jahrbuch 2001/02, S. 51–78. – Zum Ende der katholischen Zeit von Neukloster: E. Schlüter: Die letzten Nonnen von Neukloster und ihr Pater, Archiv des Vereins für Geschichte und Alterthümer der Herzogthümer Bremen und Verden und des Landes Hadeln zu Stade, 4. Band, 1871, S. 259–262. In diesem Aufsatz lernt man auch den Namen des letzten Beichtvaters der Nonnen, des Jesuitenpaters Martin Metternich kennen. – 1666 stirbt in Hamburg, von den katholischen Missionaren betreut, der Amtmann von Altkloster, N. N. Knust, der im Jesuitenkolleg in Hildesheim heimlich zum katholischen Bekenntnis konvertiert war, dies aber der schwedischen Regierung verheimlicht hatte. (Der Name nach: C. Flucke, *Litterae annuae* aus Altona und Hamburg, I, zu 1666 [18.], S. 290). Jesuiten reisten mehrfach nach Buxtehude und Harsefeld). – Eine gründliche Darstellung der Geschichte des Klosters Harsefeld nach der Säkularisierung, die Episode mit der Königin Christine von Schweden und der Familie Bidal, bleibt ein Desiderat der Forschung.

87 H.-J. Fischer, Der heilige Kampf, S. 116.

88 Zur *ars bene moriendi* der österreichischen Prälatenklöster und ihrem jesuitischen Einfluss jetzt: A. V. Schachenmayr: Sterben, Tod und Gedenken in den österreichischen Prälatenklöstern der Frühen Neuzeit, Heiligenkreuz 2016, inbes. S. 33–37.

89 Zum Beispiel im Jahresbericht von 1720 [1.], hier S. 88 f., wo summarisch zu Beginn die Tätigkeiten (zweimalige Gottesdienste an Sonn- und Feiertagen, Katechismus-

Umgekehrt lernten die Jesuiten von den „alten Orden" aber auch deren Bruderschaften kennen und als Ansatzpunkte seelsorgerischen Wirkens schätzen. Bisweilen sind die aus dem Mittelalter bekannten Bruderschaften nämlich in den katholischen Gegenden im Zuge neuen Aufblühens des Kirchenlebens im 17. Jahrhunder in den etwas weniger intensiven und sozial exklusiven, dafür aber medial durch Flugschriften und Gebetbücher moderneren Formen wieder aufgeblüht[90]. So findet man in allen Niederlassungen der Jesuiten in Schleswig-Holstein und an der Elbe seit dem ersten Jahrzehnt des 18. Jahrhundert Todesangst-Bruderschaften, die weniger auf die im Süden prägnantere Marien-Verehrung abzielten, sondern durchaus die evangelisch orientierte Christus-Verehrung aufnahmen[91] und daher auch – jedenfalls nach den Behauptungen der Verfasser der *litterae annuae* – über die katholischen Kreise hinaus Resonanz fanden. Die Mitglieder einer solchen Bruderschaft sollten zum einen gewiss Kirchbau und –ausstattung finanzieren, dann aber auch durch eine bestimmte persönliche Glaubenspraxis in Form fester Gebete, die persönlich unter der Woche zuhause, aber auch regelmäßig zu bestimmten Terminen gemeinschaftlich in der Kirche zu verrichten waren, in ihrem religiösen Verhalten geprägt werden[92].

Für den heutigen Leser der *litterae annuae* stellt sich mit Blick auf die im Text erwähnten Personen und ihre Schicksale das Problem der *discretio*: Häufig werden sie nämlich namentlich nicht genannt. Da die Texte zwischen den Niederlassungen der Jesuiten in der niederrheinischen Provinz zirkulierten, bestand die Gefahr, dass sie – in den Augen der Jesuiten – in falsche Hände gerieten: Sie wollten die Namen ihrer Interessenten und stillen Förderer der katholischen Lebenswelt grundsätzlich aus jeder Öffentlichkeit herausgehalten wissen. Sie sollten möglichst nicht in den Fokus der lutherischen Verwaltung oder gar des Landesherren geraten. Im schlimmsten Fall konnte das sogar Gefahr für Leib und Leben der Protagonisten bedeuten; meistens hatte das jedoch zur Folge, dass diese politisch und sozial kalt gestellt wurden. Damit war der intendierte Erfolg

---

stunden, Unterricht für die Jugend, Andachten der Todesangstbruderschaft, Krankenbesuche, Hochzeiten etc.) plakativ erwähnt werden.

89 Das Beispiel einer solchen seit dem Spätmittelalter in die Frühneuzeit fortgeführten Marien-Bruderschaft des Stiftes Zwettl in Österreich hat untersucht: I. Haslinger: Seelsorgliche und wirtschaftliche Dimensionen von Stift Zwettls Wallfahrt Maria Rafings, ACi, 68, 2018, S. 155–186.

90 K. Jockenhövel, Gottesdienst und Frömmigkeit, zur Todesangstbruderschaft, S. 197 ff. – Sie ging zentral auf die Initiative des Jesuitenoberen Vincenzo Caraffa 1648 zurück. – Zur Christus-Frömmigkeit: M. Friedrich: Jesuiten und Lutheraner im frühneuzeitlichen Hamburg. Katholische Seelsorge im Norden des Alten Reiches zwischen Konversionen, Konfessionskonflikten und interkonfessionellen Kontakten, ZHG, 104, 2018, S. 1–77, S. 71 f.

91 I. Hasslinger, Seelsorgliche und wirtschaftliche Dimensionen, S. 158 ff.

der Missionare gefährdet. Von daher haben Übersetzer und Bearbeiter der *litterae annuae* nicht in jedem Fall die im Text genannten Personen identifizieren können – auch diese Aufgabe sei den Benutzern der vorliegenden Edition mit auf den Weg gegeben. Die Übersetzer und Bearbeiter haben immerhin Sorge getragen, einschlägige Literatur anzugeben und bislang Ungedeutetes näher zu erläutern.

Für die Regional- und Landesgeschichte geben die *litterae annuae* Einblicke in die Lebenswelt der Jesuiten aus einer pointierten Außenperspektive[93], die sich von der Sicht der lutherischen Orthodoxie abhebt. Über diese parteigebundene Perspektive hinaus mögen hier mit kulturwissenschaftlichem Fokus auch manche Einblicke en détail in Bereiche gegeben werden, für die sonst keine Quellen dieser Art vorliegen. Das kann dazu führen, dass neu erschlossene Quellen auch einen gründlicheren Blick auf historische Ereignisse und Entwicklungen gewähren können[94]. Bei einer Zuordnung der in den Jahresberichten erwähnten Ereignisse muss allerdings auch chronologisch genau hingeschaut werden: Bisweilen sind die Ereignisse erst im folgenden Jahr erwähnt.

Man mag sich an der immer wieder gleichförmigen Struktur der *litterae annuae* stoßen. Vielleicht kann bei ihrer Lektüre auf die Dauer Langeweile aufkommen[95]. Gedacht waren diese Texte als Lektüre bei Tisch; es sollten also einzelne Passagen mehr oder weniger meditiert werden. Das erklärt ihre Gleichförmigkeit, die für keine längere Lektüre in einem Zuge gedacht war. Lässt man sich jedoch darauf ein, so lassen sich einerseits Ansätze zur Führung von Personen finden, die für ihre Zeit neu waren. Die immer gleichförmige Struktur der Texte sollte eigentlich den Weg zu einem „inneren Leben" öffnen, welcher dann dem Leser, also den Mitbrüdern der Ordensprovinz, im Idealfall besondere religiöse Erlebnisse widerfahren lassen sollte. Es sei nicht verschwiegen, dass diese Methode auch zu Formen selbstgewählten Abschlusses von der Außenwelt in eigenen Parallelwelten führen konnte.

---

92 Die Rede von der „Außenperspektive" mag etwas paradox erscheinen: Es geht ja hier um Quellen wie alle anderen auch, die immer schon perspektivisch sind. Bislang aber haben Historiker meist die traditionelle Perspektive der Landesherrschaften übernommen und das bedeutete dann *nolens volens* eine Parteinahme für die jeweilige Mehrheitsposition, was eine solche Innen-/Außenperspektive setzte.

93 M. Friedrich, Jesuiten und Lutheraner, S. 3, Anm. 4; der Autor hebt hervor, dass die Jesuiten über die Fakten relativ klar an den Ereignissen orientiert referieren: „Insgesamt waren die *litterae annuae* der Jesuiten ungeachtet der durchgängig parteiischen Darstellungsweise meist sehr korrekt, was die Fakten angeht" – Neben der Erbauung dienten die *annuae* ja gerade dazu, im Orden verlässliche Informationen über die Missionsgebiete weiterzugeben.

94 Vgl. E. Opitz: Rezension zu den *annuae litterae* aus Altona und Hamburg, ZHG, 103, 2017, S. 312–316, S. 313.

Wenn man also diese Texte mit Gewinn lesen und historisch brauchbare Informationen aus ihnen ziehen will, so bleibt dem Leser eine kritische Dekonstruktion einzelner Fälle im Vergleich zu anderen Quellen, die eine andere Weltsicht vermitteln, nicht erspart. Die Jesuiten selbst mussten sich schon in ihrer Zeit der innerkirchlichen Kritik durch andere Personen und ihre institutionelle Einbindung stellen. Dass es keine objektiven Quellen gibt und sich Historiker immer wieder um die Findung normativer historischer Urteile mühen, muss hier nicht ausführlicher betont werden.

Der lateinische Text wurde für diese Edition thematisch neu in Absätze gegliedert. Da die lateinischen Vorlagen der einzelnen archivalischen Überlieferungen in der Textverteilung deutlich voneinander abweichen, wurden hier zur besseren Orientierung des Lesers statt einer Zeilenzählung die Absätze nummeriert. Diese Methode ist interessanterweise schon bei der römischen Drucklegung der *litterae annuae* durch den Ordenssekretär Juan de Polanco im 16. Jahrhundert angewandt worden[96]. Die Wiedergabe des Textes in kursiver Arial ist, wie folgt, gestaltet: Die Herausgeber haben am Text nur wenig Änderungen vorgenommen: „I" und „j" sowie „u" und „v" sind nach dem Lautwert angeglichen, nur bei dem Neologismus *hujas* wird ein j benutzt. Bis auf Satzanfänge, Attribute und Eigennamen ist alles kleingeschrieben worden. Abkürzungen sind aufgelöst[97]. Die Schreibung im Lateinischen, auch der verschiedenen Zeitformen, ist an der üblichen Schulpraxis und der Normgrammatik orientiert. Auch die Zeichensetzung folgt modernen Vorstellungen: Gliedsätze, Beiordnungen etc. sind zur besseren Lesbarkeit durch Kommata oder Gedankenstriche abgetrennt.

Die Übersetzung ist dem Spagat zwischen großer Textnähe im Lateinischen und einem angemessenen Ausdruck in der Zielsprache Deutsch verpflichtet. Kunstvolle, aus heutiger Perspektive überlange lateinische Phrasen wurden parataktisch in kleinere Sätze gegliedert. Die im Barock üblichen pleonastischen Titulaturen der Protagonisten bleiben unberücksichtigt, können aber in dem Glossar nachgeschlagen werden, das der Edition der *litterae annuae* Glückstadt beigefügt worden ist[98]. Die Wiedergabe der Personen- und Ortsnamen in der Übersetzung und in den Indices orientiert sich an der heutigen Schreibweise. In begründeten Einzelfällen sind mögliche Varianten in den Anmerkungen dokumentiert.

---

95 Ebd., S. 362.

96 Der Übersetzer und die Bearbeiter haben sich dabei orientiert an: W. Heinemeyer (Hrsg.): Richtlinien für die Edition landesgeschichtlicher Quellen, Marburg ²2000. – W. Prange: Einleitung, zu: Urkundenbuch des Bistums Lübeck, 2, 1200–1439, Neumünster 1994, S. X ff.

97 C. Flucke/M. Schröter, Die *litterae annuae* … von Glückstadt, II, S. 840–849.

3. *STADA*

3. 1. *STADA* 1630:

[1.] *Stada ad septentrionem ad Albim excurrens civitas eadem nobis tempestate ad fidem catholicam instituenda eodem Tyllio victore*[1] *atque auspice reserata est. Ex principio quidem superiori anno in aula ducis substitimus, dum a Caesare ad hoc negotium instaurandae religionis legati advenissent. Patrum igitur Norbertinorum*[2] *olim basilica sancto Willehado eius loci apostolo*[3] *post Deum consecrata, parochialis urbis sedes, societati attributa est, patronatus iure in aliud templum translato*[4]. *Quo obtento sub initium anni huius 1630 in assignatam nobis propinquam templo domum transierunt sacerdotes duo totidemque magistri cum adiutore laico.*

[2.] *Verum inter homines adhuc dubia belli alea in exspectationem erectos perquam fuit difficilis ad emendationem progressus. Rari suis in erroribus expugnati: quam tamen civium pertinaciam miles ad pietatem obsequentior utcumque pensavit, dum 300 horum facile ad fidem traducti sunt, inter quos nobiles et tribuni aliquot militares, quidam etiam Tyllii ex tertio gradu consangineus. Ceterum baptizati infantes, iuncti plures matrimonio, aegris moribundisque solatium praestitum, captivis supplicioque educendis subventum est.*

[3.] *In reliquis illud memoria dignissimum, quod miles longa extremaque iam morbi tabe desperatus, cum sancto viatico refectus esset, subito velut hausta denuo vita respirare ac refici toto isto corpore coeperit, ut eodem die aeger ac conclamatus, rursumque sanus atque armatus inter collegas milites omnium stupore vigilias adierit, et pro excubiis more steterit usitato. Illud quoque non paucis admirationem incussit, quod reorum nemo ad supplicium educeretur, qui religionis catholicae praeceptiones non admitteret, ita omnibus iucundius visum inter Romanae fidei assertores mori, quam vivere.*

[4.] *Conciones, scholae catechismi ad instructionem rudium instructae, sed praedicantium adversum debacchantium furor et magistratus aversio, quo minus civium plerique libere nos adeant, resistit. Duae tantum familiae ab erroribus reductae.*

---

1 Zum Heerführer der katholischen Liga und kaiserlichen Feldherrn im Dreißigjährigen Krieg Johann T′ Serclaes Tilly (*Februar 1559 auf Schloss Tilly im Brabant, †30. April 1632 in Ingolstadt) siehe: K. Fuchs: *s. v.* Tilly, Johann Tserclaes von, in: BBKL, 12, Herzberg 1997, Sp. 126 f. – R. Saller: Reichsgraf Johann Tserclaes von Tilly, Altötting 2007.

2 Zum Wirken der Prämonstratenser in Stade: J. Bohmbach: *s. v.* STADE – Prämonstratenserstift Sankt Georg, in: J. Dolle: Niedersächsisches Klosterbuch, 3, S. 1366–1370.

3 Zum Heiligen Willehad: J. Göhler: Der Angelsachse Willehad und der Missionsauftrag Karls des Großen für Wigmodien. In: Wege des Glaubens, Stade 2006, S. 2–6. – E. Sauser: *s. v.*: Willehad, in: BBKL, 13, Herzberg 1998, Sp. 1316–1317.

4 Zur Geschichte der Kirche Sankt Willehadi in Stade: H. Wohltmann: Die Geschichte der Stadt Stade, Hamburg 1947, S. 33 f.

3. DIE JAHRESBERICHTE VON STADE 1630 BIS 1632:

3. 1. STADE 1630:

[1.] Stade eine Stadt, die im Norden an der Elbe liegt, wurde zur selben Zeit unter der siegreichen Führung Tillys[1] uns geöffnet, damit sie zum katholischen Glauben transformiert werde. Zu Beginn im vergangenen Jahr hielten wir uns im Gefolge des Heerführers auf, als die Gesandten vom Kaiser für diese Aufgabe angekommen waren, die katholische Religion wieder einzurichten. Die alte Basilika[4] der norbertinischen Väter, der Prämonstratenser[2], wurde dazu der Gesellschaft Jesu übertragen, nachdem das Patronatsrecht der Prämonstratenser auf eine andere Kirche übertragen worden war. Sie ist dem Heiligen Willehad, dem Apostel dieses Ortes[3] geweiht und Kirchspielsitz der Stadt. Nachdem das durchgesetzt war, siedelten zu Beginn dieses Jahres 1630 zwei Priester in ein uns übertragenes Haus in der Nachbarschaft der Kirche über und ebenso viele Lehrer mit einem Laiendiener.

[2.] Aber unter Menschen, die sich nach dem wechselnden Kriegsglück richten, war daher ein Vorankommen zu einer christlichen Besserung schwierig. Wenige wurden in ihrem Irrglauben gewonnen: Doch die Halsstarrigkeit der Bürger in Glaubensdingen wog der Soldat auf, da er williger zur Frömmigkeit war. Denn 300 von ihnen wurden leicht zum Glauben hingeführt. Unter ihnen waren auch einige Adelige und Offiziere, sogar ein gewisser naher Verwandter dritten Grades von Tilly. Im Übrigen wurden Kinder getauft, mehrere Paare durch die Ehe miteinander verbunden. Kranken und Sterbenden wurde Trost zugesprochen, Gefangenen und Menschen, die zur Hinrichtung zu führen waren, Beistand geleistet.

[3.] Unter den restlichen Verpflichtungen ist Folgendes erwähnenswert: Ein Soldat, der schon aufgrund eines langen und ganz schlimmen Siechtums infolge einer Krankheit schon völlig hoffnungslos war, begann plötzlich wieder aufzuleben, als hätte er von Neuem den Lebensatem gewonnen, und an seinem ganzen Leibe wieder hergestellt zu werden: Er war nämlich mit der heiligen Kommunion gestärkt worden. In der Folge trat er, der am selben Tag eben noch krank und zu beklagen war, jetzt wieder gesund und mit Waffen gerüstet unter seinen Kameraden zum Erstaunen aller die Wache an und stand in gewohnter Weise auf seinem Posten. Auch Folgendes setzte nicht wenige in großes Erstaunen: Keiner der Deliquenten ließ sich zum Richtplatz führen, der nicht vorher die Vorschriften der katholischen Religion zuließ. So erschien es allen angenehmer, unter den Anhängern des katholischen Glaubens zu sterben als unter ihnen zu leben.

[4.] Predigten, Schul- und Katechismus-Unterricht zur Unterweisung der Ununterrichteten wurden eingerichtet; aber die Wut der dagegen tobenden Prediger und der Widerwille des Stadtrates verhinderten, dass die meisten der Bürger freiwillig zu uns kommen. Nur zwei Familien wurden von den Irrtümern [zur Kirche] zurückgeführt.

[5.] *Ceterum munificentia excellentissimi Tyllii et praenobilis domini Christophori a Rupe 1.600*[5] *imperiales ad bibliothecam ac suppellectilem comparandam domesticasque necessitates sublevandas collatae sunt. Neque defuit aliorum liberalitas, qua ad templi totius instaurationem usi, illustriori hoc totum ornatu instruximus. Cui excellentissimus etiam Tyllius suo ex aerario calices duos, tria argentea candelabra, vestiumque sacrarum apparatum non contemnendum adiecit, quo in favore religiosorum etiam hominum invidiam declinare non licuit, dum amissis olim neglectisque a se possessionibus nos augeri impatientius accipiunt.*

3. 2. RESIDENTIA ANNO 1631

[1.][R. T., Rhen. Inferior vol. 49, p. 36] *Sex in hac residentia versati sumus patres, fratres pari numero*[6]. *Messis*[7] *propter belli motus inquilinos adhuc immatura operae cursum circa cives et populares continuit, ut militibus eorumque ......? summo templo sex in schola vacatum sit, e quibus plures ad fidem nostram accesserunt. Sancti patris nostri Ignatii patrocinium*[8] *aliquot puerperis opportune profuit sola eius effigie in partu adhibita.*

3. 3. RESIDENTIA STADENSIS 1632

[1.][R. T., Rhen. Inf. vol. 49, fol. 70v] *Residentia haec quinque aluit nostros*[9], *plures alere parata, si per hostes vel potuisset vel nostros belli duces licuisset.*

---

5 Zu Christoph Leonhard von Diemantstein (†1668), dem kaiserlichen Interimsverwalter des Herzogtums Württemberg (1634–1638): https://www.historisches-lexikon-bayerns.de/Lexikon/Stein_zu_Diemantstein,_Adelsfamilie. [Zugriff am 30. November 2019]:

6 Folgende Jesuitenpatres sind für Stade erwähnt: Augustinus Turrianus, Matthias Kalkoven und ein Mauritius, siehe oben im Vorwort Anm. 27–29. – Pater Peter Wernicke SJ leitete in Stade das Jesuitenkolleg und unterrichtete die *Humaniora*, siehe seinen Nekrolog zu 1667 [4.], *Litterae annuae* aus Altona und Hamburg, hrsg. von C. Flucke, I, Münster 2015, S. 296 f. – Dazu hielt sich Pater Heinrich Schacht nach seinem Nekrolog bei dem katholischen Feldherren Tilly auf: Ebd., I, zu 1654 [7.], S. 168 f.

7 Das biblische Bild von der ertragreichen Ernte wird hier auf die erfolgreiche Mission der Jesuiten in Sachen Rekatholisierung Stades übertragen.

8 Zur Verehrung des heiligen Ignatius von Loyola speziell bei Schwangeren und Wöchnerinnen: J. Schäfer: *s. v.* Ignatius von Loyola, in: Ökumenisches Heiligenlexikon: https://www.heiligenlexikon.de/BiographienI/Ignatius_von_Loyola.htm. [Zugriff am 16. April 2019].

9 Fünf Patres waren 1632 in Stade. Zu ihnen siehe oben im Vorwort, S. 14–15.

[5.] Schließlich wurden für uns durch die Großzügigkeit des Grafen von Tilly und des edlen Herrn Christoph von Diemantstein[5] 1.600 Reichstaler gesammelt, um eine Bibliothek sowie den Hausstand zu beschaffen und uns die häuslich notwendigen Dinge zu erleichtern. Auch fehlte Freigebigkeit Dritter nicht, welche wir zur Neueinrichtung der ganzen Kirche nutzten und sie in Gänze mit einer bedeutenden Ausstattung versahen. Dem fügte sogar Graf Tilly aus seiner Kasse zwei Kelche, drei silberne Kerzenleuchter und eine nicht zu verachtende Ausstattung an liturgischen Gewändern hinzu. Bei einer solchen Begünstigung konnte man den Neid anderer Ordensleute nicht vermeiden, da sie es ziemlich widerwillig hinnahmen, dass wir durch Besitzungen vermehrt wurden, die von ihnen einst verloren und vernachlässigt worden waren.

3. STADE

3. 1. STADER RESIDENZ 1631

[1.][R. T., vol. 49, p. 36] Wir, sechs Patres[6] halten uns in dieser Residenz auf, Brüder in gleicher Zahl. Die Ernte[7], die wegen der inneren Kriegsunruhen noch nicht reif war, wurde bei Bürgern und Zivilisten fortgesetzt, so dass man sich den Soldaten und ihren ...[?] in der Hauptkirche, sechs in der Schule widmete, von denen ziemlich viele zu unserem Glauben hinzukamen. Der Schutz unseres heiligen Vaters Ignatius nützte einigen Wöchnerinnen[8], als allein ein Bild von ihm bei der Geburt hinzugezogen wurde.

3. 2. STADER RESIDENZ 1632

[1.][R. T,. vol. 49, fol. 70v] Diese Residenz unterhielt fünf unserer Patres[9]; sie wäre bereit gewesen, mehr zu unterhalten, wenn sie es wegen der Feinde gekonnt hätte oder unsere Heerführer es erlaubt hätten.

[2.] Unter ihrem Anführer General Tott[10], einem Blutsverwandten des schwedischen Königs, hatten die Feinde fast drei Monate lang die Stadt belagert, die zum größten Teil über einige Meilen von Wasser umgeben ist, sodass zu ihr nur mitten durch anderswo aufgeworfene Erdwälle ein Zugang möglich ist. Die große Tüchtigkeit des altgedienten Heeres glänzte in dieser Zeit durch viele herausragende Taten, so dass die Feinde, da sie zweimal aus den zur Verteidigung der Wälle errichteten Schanzen herausgeworfen und durch viele Ausfälle der Unsrigen in Bedrängnis geraten waren, schließlich nichts Weiteres zu unternehmen wagten.

[2.] *Hostes ductore generali Tott*[10], *regis Sueci consanguineo, tribus mensibus fere obsederant urbem aquis ita ex maxima parte ad aliquot milliaria cinctam, ut non nisi per medios aggeres alibi oppositos ad eam accessus pateret. Magna virtus veterani militis in multis egregiis facinoribus hoc tempore enituit effecitque, ut bis ex propugnaculis ad defendendos aggeres exstructis hostes eiecti et variis excursonibus nostrorum afflicti adeo nihil ultra tentare ausi sint.*

[3.] *Quorum magna pars fratrum par fuit, alter colonellus, alter supremum locum tenens*[11], *qui, quoties contra hostem egressi, toties prius vel intempesta nocte per confessiones expiati sunt. Sed eadem virtus damno nobis fuit, quod generalis noster, campiductor comes de Pappenheim*[12], *ut eorum opera in campo uti posset, eam urbem, quae quattuor annorum labore longe munitior erat, quam cum primum post medii anni obsidionem in potestatem nostrorum veniret, deserendam, dissentientibus licet pluribus belli con-siliariis, iudicavit.*

[4.] *Ingressus est autem cum suo exercitu urbem, ut inde milites praesidiarios educeret dominica secunda post Pascha*[13], *quam ante quadrennium generalis Tyllius*[14] *pactis condicionibus victoriosus occupaverat. Post tres inde septimanas, quibus pro toto exercitu alendo satis fuit et superfuit, urbs deserta est, relictis propugnaculis et munitione integra.*

---

10 Åke Henriksson Tott (1598–1640) war General und Befehlshaber der Schweden im Dreißigjährigen Krieg in Deutschland (1631–1640). – Zu ihm: *s. v.* Tott, Åke Henriksson, in: H. Hofberg/ F. Heurlin/V. Millqvist/O. Rubenson (Hrsg.): Svenskt biografisk handlexikon, 2: L–Z, Stockholm [2]1906, S. 632–633.

11 Unter den Jesuiten waren offenbar auch vormalige Offiziere. – Hans Heinrich IX. von Reinach war 1632 kaiserlicher Stadtkommandant: W. Wittepenning: Versuch einer Geschichte der Stadt Stade, Stade 1874, S. 25. – Zu ihm: B. von Poten: *s. v.* Reinach, Hans Heinrich IX. von, in: ADB, 27, Leipzig 1888, S. 723 f.

12 Gottfried Heinrich Graf zu Pappenheim (* 29. Mai/8. Juni 1594, †17. November 1632) war General im Dreißigjährigen Krieg, der unter dem Oberbefehl des Albrecht von Wallenstein im kaiserlichen Heer für die katholische Liga kämpfte. 1627 hatte er Wolfenbüttel erobern können. Er wurde zwar nicht zum Herzog von Braunschweig ernannt, erhielt aber doch die Reichsgrafenwürde. Einen dunklen Schatten wirft die Eroberung und Plünderung Magdeburgs 1631 auf ihn. – Zu ihm: D. Lent: *s. v.* Pappenheim, Gottfried Heinrich Graf zu. In: H.-R. Jarck, D. Lent u. a. (Hrsg.): Braunschweigisches Biographisches Lexikon. 8. bis 18. Jahrhundert, Braunschweig 2006, S. 548 f. – H. Neuhaus: *s. v.* Pappenheim, Gottfried Heinrich Graf zu, in: NDB, 20, Berlin 2001, S. 51 f.

13 Der Abzug der kaiserlichen Truppen erfolgte also nach den Jesuiten am Sonntag *Misericordias*, den zweiten nach Ostern, den 25. April 1632. – H. Wohltmann, Geschichte der Stadt Stade, S. 118, nennt dagegen den 10. Mai 1632, also den Montag auf den vierten Sonntag nach Ostern, auf *Cantate*.

14 Zum Heerführer der katholischen Liga und kaiserlichen Feldherrn im Dreißigjährigen Krieg Johann T′ Serclaes Tilly siehe oben Anm. 1.

[3.] Daran beteiligte sich ein großer Teil der Brüder, der eine ein Kolonell, der andere ein Oberleutnant[11], die, sooft sie gegen die Feinde einen Ausfall machten, vorher sogar mitten in der Nacht durch die Beichte entsühnt wurden. Aber dieselbe Tüchtigkeit gereichte uns zum Nachteil. Denn unser General, der Feldherr Graf von Pappenheim[12], entschied, diese Stadt aufzugeben, um deren Kräfte im Felde gebrauchen zu können. Die Stadt Stade war durch vierjährige Arbeit weitaus besser befestigt als zu dem Zeitpunkt, als sie nach halbjähriger Belagerung in die Hand der Unsrigen gekommen war. Ihre Aufgabe geschah, obwohl ziemlich viele Kriegsräte anderer Meinung waren.

[4.] Der Graf rückte aber mit seinem Heer in die Stadt ein, um darauf die Soldaten der Garnison am zweiten Sonntag nach Ostern[13] aus der Stadt herauszuführen, die vor vier Jahren General Tilly[14] siegreich nach Übergabeverhandlungen besetzt hatte. Also wurde die Stadt nach drei Wochen, in denen es für das ganze Heer genug und übergenug an Nahrung gab, aufgegeben, wobei die Schanzen und die Festung unbeschädigt hinterlassen wurden.

[5.] Da erklärten viele, was sie in der Liebe zum katholischen Glauben oder zur Gesellschaft erreicht hätten, und bekannten unter Tränen, sie bedauerten unseren Fortgang deswegen so sehr, weil sie ihren Entschluss, unseren Glauben zu ergreifen, nicht ausführen könnten. Eine Stunde nach dem Auszug des Heeres erhielt unser Diener, als er die Stadt verließ, Lobsprüche auf die Gesellschaft und Glückwünsche von Seiten der Bürgerschar, die noch in unserer Anwesenheit uns große wohlwollende Dankbarkeit erwiesen, weil durch unser Eintreten zügelloses Verhalten der Soldaten und Plünderung ihrer Häuser beim Ausmarsch verhindert worden seien.

[5.] *Tum primum multi, quid in amore seu fidei catholicae seu societatis profecissent, declaraverunt cum lacrimis protestantes se de nostro abitu ideo maxime dolere, quod conceptum fidei nostrae capessendae propositum exsequi non possent. Hora post eductum militem famulus noster urbem egressus commendationes societatis et felicem apprecationem a civium turma excepit, qui nobis adhuc praesentibus magnam grati animi benevolentiam exhibuerunt, quod nostra intercessione miltum insolentia atque aedium expilationes sub discessum impeditae essent.*

[6.] *Fidelitatem non nemo licet haereticus magnam nobis etiamnum exhibet supellectilem nostram asservando, neglecta interminatione perdendae vitae et bonorum omnium iis proposita, si qui deposita non proderent.*

[7.] *Obsidionis tempore, quae fere cum novo anno coeperat, omnia societatis munera more consueto et fructu obita, praecipue vero militibus*[15]*, in quorum solito maiori frequentia multi decumbebant, grata opera et corporalis et spiritualis accidit, quorum multi ad fidem catholicam inducti.*

---

15 Zur Soldatenseelsorge der Jesuiten: M. Friedrich, Die Jesuiten, S. 186–191.

[6.] Mancher, obwohl Häretiker, zeigt sich uns auch jetzt noch darin treu ergeben, dass er unseren Hausrat unter Missachtung der Drohung aufbewahrt; obwohl derjenige sein Leben und alles Hab und Gut verlieren kann, falls er Hinterlegtes nicht herausrückt.

[7.] Während der Belagerung, die etwa mit dem neuen Jahr begonnen hatte, wurden alle Aufgaben der Gesellschaft in gewohnter Weise und Frucht ausgeübt, vor allem aber war den Soldaten[15], von denen unüblich viele krank darniederlagen, die leibliche und geistliche Hilfe willkommen, von denen viele dem katholischen Glauben zugeführt worden waren.

4. ANNUAE MISSIONIS OTTERENDORPIENSIS DE ANNO 1713 AD ANNUM 1719

4. 1. ANNUAE MISSIONIS OTTERENDORPIENSIS 1713

[1.][K. T., Bestand Jesuiten 224, A 646/2, fol. 229r] *Tandem placuerat Augustissimo nostro*[1] *militari suo, quod Otterendorpii habuerat*[2], *praesidio sacerdotem e societate nostra*[3] *adiungere. Advenit ille 14. Septembris 1712, sed ea tempestate, qua fatali iam tum peste Caesareus miles aliusque catholicus grex fuerat infectus.*

[2.] *Vix igitur pedem in urbem intulerat, cum statim peste infectis inserviendum erat*[4]. *Adstitum ergo fuit pestiferis diu noctuque nec quidquam intermissum, quibus ad aeternam salutem iuvari possent: sacramentis extremis muniti, frequenti visitatione recreati, eleemosynis sublevati, ad tumulum deducti, concione funebri honorati. Donec nimia funerum multitudo dicendi decorem inhibuit, obstipuit profecto Lutherana urbs missionarii caritatem, cuius ne umbram in suis praedicantibus deprehenderent.*

[3.] *Tenuit illo anno contagiosa lues circiter ad finem Septembris; qua demum per Dei gratiam sublata coepit tum catholica religio caput erigere et praeclaram splendorem induere. Applaudebant sibi catholici vas de sacerdote et pastore stabili eoque, qui vere animam suam pro ovibus suis posuisset.*

[4.] *Confluebat vicinia catholica e solo Bremensi, eratque numerus ad sacra nostra accurrens maior, quam ut sacelli angustiis caperetur. Adolescentes diebus singulis post sacrum rebus fidei paulisper informati habebant paulatim in promptu, quod Lutheranorum sarcasmis opponerent. Prima dominica mensis celebramus illo die sodalitatem de agonia Christi nuncupatam*[5]. *Tota communitas, decem circiter pigros si excipias, ad coenam accedebat eucharisticam.*

---

1 Karl VI. (*1. Oktober 1685 in Wien, †20. Oktober 1740 ebd.) war nach dem unverhofften Tod seines Bruders Joseph seit 1711 römisch-deutscher Kaiser (1711–1740). – Zu ihm: H.-J. Olszewsky: *s. v.* Karl VI., in: BBKL, 3, Herzberg 1993, Sp. 1151–1157. – K. Schmidt: Karl VI., in. A. Schindling u. a. (Hrsg.): Kaiser der Neuzeit, S. 200–214. – S. Seitschek u. a. (Hrsg.): 300 Jahre Karl VI, 1711–1740, Wien 2012.

2 In Otterndorf standen seit der kaiserlichen Sequesterverwaltung kaiserliche Truppen.

3 Die katholische Seelsorge in Otterndorf übernahm Pater Heinrich Schreiber SJ. – Zu ihm siehe Anhang 7. 1. – Er stellt insofern einen Bezug zwischen seinem Ankunftstag am Fest Kreuzerhöhung (14. September) und der Notlage vor Ort her:

4 Im Lande Hadeln brach seit 1712 die Pest aus, die den dänischen Truppen über die Elbe folgte: Chronik des Landes Hadeln, Otterndorf 1843, S. 420 ff. – E. Rüther: Hadler Chronik, Neuhaus 1932, Nr. 1000, S. 354.

5 Auch in Otterndorf begründeten die Jesuiten eine Todesangstbruderschaft. – Zu den Bruderschaften der Jesuiten im Überblick: M. Friedrich, Die Jesuiten, S. 230–234. – Zur Bruderschaft Christi in der Todesangst in Friedrichstadt beispielhaft: K. Jockenhövel: Gottesdienst und Frömmigkeit der Friedrichstädter Katholiken zur Zeit der Jesuitenmission, Mitteilungsblatt der Gesellschaft für Friedrichstädter Stadtgeschichte, 17, 1980, S. 181–259, S. 197 ff.

4. JAHRESBERICHTE DER OTTERNDORFER MISSION 1713 BIS 1719

4. 1. DER JAHRESBERICHT DER OTTERNDORFER MISSION 1713

[1.][K. T., Bestand Jesuiten 224, A 646/2, fol. 229r] Endlich hatte unser Kaiser[1] beschlossen, seiner Garnison in Otterndorf[2] einen Priester aus unserer Gesellschaft[3] beizugeben. Jener kam am 14. September 1712 dort an, aber zu einer Zeit, als die kaiserlichen Soldaten und die übrige katholische Herde von der bereits damals todbringenden Pest befallen waren.

[2.] Kaum hatte er also seinen Fuß in die Stadt gesetzt, als er sofort den von der Pest Befallenenen[4] zu Diensten stehen musste. Er stand also den Pestkranken Tag und Nacht zur Seite und unterließ nichts von dem, womit ihnen zum ewigen Heil verholfen werden konnte: Sie wurden mit den Sterbesakramenten versehen, mit häufigen Besuchen erquickt, mit Almosen unterstützt, zum Grab geleitet, mit einer Leichenpredigt geehrt. Solange die sehr große Zahl der Beerdigungen den Glanz der Rede beeinträchtigte, staunte in der Tat die lutherische Stadt über die Nächstenliebe des Missionars, von der sie nicht einmal einen Schatten bei ihren Predigern bemerken konnten.

[3.] In diesem Jahr dauerte die ansteckende Seuche ungefähr bis zum Ende des Septembers. Als sie endlich durch Gottes Gnade ein Ende gefunden hatte, begann die katholische Religion ihr Haupt zu erheben und herrlichen Glanz anzulegen. Die Katholiken beklatschten sich wegen des Werkzeugs eines beständigen Priesters und Hirten vor Ort, und zwar eines, der wahrhaft sein Leben für seine Schafe eingesetzt hatte.

[4.] Die Katholiken aus der Nachbarschaft vom Bremer Territorium strömten hier zusammen, und die Zahl derer, die zu unseren Gottesdiensten herbeikamen, war größer, als dass sie die Enge unserer Kapelle fassen konnte. Die Jugendlichen wurden an den einzelnen Tagen nach dem Gottesdienst ein Weilchen in den Glaubensdingen unterrichtet und hatten allmählich zur Hand, was sie den Spöttereien der Lutheraner entgegnen konnten. Am ersten Sonntag im Monat feiern wir an jenem Tag die Andacht der Bruderschaft, die nach der Todesangst Christi[5] benannt ist. Die ganze Gemeinde, außer etwa zehn Säumigen, ging zum eucharistischen Mahl.

[5.] *Una etiam gregarii militis uxor, postquam lectionem didicerat non esse penes praedicantes a peccatis absolvendi potestatem, quam esse penes sacerdotes catholicos, [quod] maior orbis consensus, patrum authoritas, scripturae testimonia demonstrarent, adiciebat animum ad religionem catholicam excusso Lutheranismo suscipiendam; quod etiam praemissa trium circiter mensium instructione generose praestitit, plurima et ardua magnis animis perrumpens obstacula.*

[6.] *Catholicus enim hospes missionarii Deum sic adorans, ut simulac sibulum hos inter Lutheranos non offendat, manibus pedibusque*[6] *obstitit, quominus illa ad nostra sacra accederet, minatus se venienti templi fores occlusurum aut ingressam vi eiecturum; verum cum missionarius spretis eius minis nostrorum sacrorum candidatam ideis fidei informaret et catholicorum coetui aggregaret, multo diuturnoque murmure implevit domum, oculis admodum obliquis missionarium aspiciens eiusque pios labores multam temeritatem, inconsultum zelum, obstinans cerebrum? interpretatus.*

[7.] *Nec minus efferbuit Lutheranus praedicans*[7]*. Conscenso enim ambone ad suos intonat lupum irrepsisse inter oves Lutherano-evangelicas*[8]*; unam hanc oviculam eius dentibus abstractam periclitari reliquas; quisque sibi caveret a recentis hostis fraudibus, et quae plura tum dolor, tum furor suggerebant. Plebem certe sua virulenta dictione adeo concitavit fulmineus orator, ut plures transeuntem feminam gravibus sarcasmis morderent, sputo etiam iniecto foedarent. Mulier tamen sua constantia id evicit, ut plena nunc pace gaudeat et ab ipsis Lutheranis laudem ferat. Sentit tamen interea missionarius, quantum impedimenti plurium conversioni posuerit prae-*

---

6 Also ganzheitlich mit dem ganzen Leib: Vgl. K. F. W. Wander: *s. v.* Hand 36., in: Deutsches Sprichwörter-Lexicon, online: http://woerterbuchnetz.de/cgi-bin/WBNetz/wbgui_py?sigle=Wander&mode=Vernetzung&lemid=WH00241#XWH00241 [Zugriff am 12. März 2019]: „Der mit Händen und Füßen in die Sach ist gefallen, der fellet mit Hand und Füßen wider darvon"; mit: Redensarten-Index, online [Zugriff am 12. März 2019]: https://www.redensarten-index.de/suche.php?suchbegriff=~~mit%20Haenden%20und%20Fuessen%20sprechen&bool=relevanz&suchspalte%5B%5D=rart_ou.

7 In Otterndorf gab es für die lutherischen Prediger drei Planstellen: den Hauptpastor: Martin Otto Henrichsen (†1720, im Amt: 1693–1720), den Archidiakon (in vorreformatorischer Zeit ein eigenes erzbischöflich-bremisches Aufsichtsamt für die Länder Hadeln–Wursten): Anton Gade (*1682, †1721, im Amt: 1709–1721); und einen dritten Pastor: Johann Georg thor Borch (*1683, †1759; im Amt: 1709–1729; anschließend Hauptpastor. – Zu ihnen: P. Meyer: Die Pastoren der Landeskirchen Hannovers und Schaumburg-Lippes seit der Reformation, 2, Göttingen 1942, S. 258–260.

8 Mit dem „Wolf" assoziiert man in der Bibel einen „selbstsüchtige[n] oder machtgierige[n] Mensch[en], der sich verstellt", siehe: H. Krauss: Geflügelte Bibelworte, München 1993, *s. v.* Wolf, S. 232.

[5.] Nachdem die Frau eines gemeinen Soldaten gelernt hatte, dass die Vollmacht der Sündenvergebung nicht bei den Predigern liege, sondern bei den katholischen Priestern, was das weltweite Zeugnis, die Autorität der Kirchenväter und die Zeugnisse der Schrift bewiesen, beschloss sie, das Luthertum fallen zu lassen und die katholische Religion anzunehmen; das tat sie auch hochherzig nach vorausgegangenem Unterricht von etwa drei Monaten, wobei sie sehr viele und schwierige Widerstände mutig überwand.

[6.] Der katholische Wirt des Missionars verehrte Gott nämlich so, dass er damit nicht zugleich das Gerede unter diesen Lutheranern erregen wollte. Daher widersetzte er sich Folgendem mit Händen und Füßen[6], dass jene zu unseren Gottesdiensten kommen könnte. Er äußerte die Drohung, er werde, wenn sie komme, die Kirchentüren verschließen oder sie, wenn sie hineingekommen sei, mit Gewalt hinauswerfen. Doch als der Missionar unter Missachtung seiner Drohungen die Kandidatin unserer Gottesdienste in den Grundlagen des Glaubens unterrichtete und sie der Gemeinde der Katholiken zuführte, erfüllte er das Haus mit viel und langem Gegrummel. Er schaute auf den Missionar mit ganz scheelen Augen und bezeichnete dessen fromme Mühen als große Verwegenheit, als unüberlegten Eifer und als schräge Gedankengänge.

[7.] Nicht weniger ereiferte sich ein lutherischer Prediger[7]. Denn nach dem Besteigen der Kanzel donnerte er vor den Seinen, ein Wolf habe sich unter den lutherisch-evangelischen Schafen eingeschlichen[8]; dieses eine in seinen Zähnen fortgeschleppte Schäfchen bringe die übrigen in Gefahr; jeder solle sich vor den Betrügereien des neuen Feindes hüten; und was noch mehr ihm Schmerz und Wut eingaben. Durch seine giftige Predigt wiegelte der polternde Redner das Volk so sehr auf, dass mehrere Menschen die Frau im Vorbeigehen mit beißendem Spott beschimpften und sogar anspuckten. Die Frau jedoch siegte mit ihrer Standhaftigkeit, sodass sie sich jetzt völligen Friedens erfreut und selbst von Lutheranern Lob erfährt. Inzwischen aber verspürt der Missionar, welch großes Hindernis der Prediger weiteren Konversionen in den Weg gelegt hat, wenn er so von seiner Kanzel donnerte und weiterhin mit viel Spott und Lügen die Wahrheit der katholischen Religion bekämpft.

dicans, dum sic e sua cathedra detonuit et adhuc pergat multis sarcasmis et mendaciis catholicae religionis veritatem impugnare.

[8.] *Vix turbo ille subsiderat, cum mox novus enascitur. Miles cum uxore catholicus desiderat natam sibi prolem a missionario ritu catholico baptizari. Exponit missionarius se omnino id facturum, et quod sui muneris est quam maxime, immo gratis sacramenta administraturum. Casu narrat missionarius ad mensam futurum proxime, ut infantem Otterendorpii exemplo numquam viso more catholico baptizet. Excanduit ad narrata hospes et a mensa surgens murmure et fremitu miscet omnia, et demum ad missionarium conversus exclamat: „Pater id non faciet." Ast reponit missionarius id suarum esse partium nec fore quicquam, quo absterreatur, quominus etiam hic suas partes expleat.*

[9.] *Delato ergo in domum hospitis (est ibi sacellum) infante excurrit ex aedibus hospes nec ante noctis undecimam redit. Missionarius interim vel illo ringente intrepidus prolem baptizat adhibitis omnibus caeremoniis. Pauci defluxerant dies, cum miles alius etiam pro sua prole a missionario postulat. Lutheranus vicinus gregarius miles nuntiat hospiti evertendam domum, ubi missionarius secunda vice attentaret conferre baptismum. Subinfert missionnarius vim se exspectare velle, a suo tamen munere ne latum unguem discedere. Baptizatque alteram iam prolem viditque aedes omnino permanere illaesas* [fol. 229v].

[10.] *Vix altera effluxerat hebdomas, cum rursus missionarius cogitur conferre baptismum. Hic hospes non modo non obstitit, sed etiam patrinus esse voluit, quin iam in plena pace, nemine contradicente, missionarius sanctum contulit baptismum.*

[11.] *Fervebat ergo res catholica et magnis passibus sumebat incrementum, cum ecce anno 1713 circa Junium nova iterum et acerba pestis urbem praesidiumque militare populabatur magnaque strage edita priores progressus interrupit et spem conceptam penitus evertit. Hic iterum missionarius centena cogebat subire praesentissima capitis pericula: in domo, in qua celebrat divina, moriebatur e peste filia, in domo, in qua dormit, pestis extinguit famulam, in domo, in qua mensam frequentat, peste corripiebatur ancilla, quae tamen singulari Dei beneficio recepit sanitatem.*

[12.] *Quid hic memorem alia plurima, in disponendis ad felicem obitum a peste moribundis subeunda pericula. Multa paucis complectar. Diebus singulis, immo hominibus omnibus erat periculosa mors exspectanda. Nostri interim praedicantes caput periculis praeclare subtrahebant solemni consilio habito concludebant ad neminem e peste infirmum accedere, sed sanos monere, ut tempestive ad coenam Lutheranam accurrerent. Concludebant praeterea neminem ultra in particulari audire confitentem, sed omnes semel et simul ex ambone absolvere, concionem vero matutinam hora quinta haberi solitam omnino abrogare.*

[8.] Kaum hatte sich jener Sturm gelegt, als sich bald ein neuer erhob. Ein katholischer Soldat wünschte mit seiner Frau, dass das ihm geborene Kind vom Missionar auf katholische Weise getauft werde. Der Missionnar erbot sich, dies alles zu tun, weil dies vor allem seine Aufgabe sei; er werde sogar die Sakramente umsonst spenden. Bei Gelegenheit erzählte der Missionar bei Tisch, demnächst werde es geschehen, dass er in einem in Otterndorf niemals gesehenen Vorgang auf katholische Weise ein Kind taufe. Daraufhin erhitzte sich der Wirt, erhob sich vom Tisch und erfüllte alles mit Gegrummel und Geschrei; schließlich wandte er sich dem Missionar zu und rief: „Das wird der Pater nicht tun." Aber der Missionar erwiderte, das sei ein Teil seiner Aufgaben und es gebe nichts, was ihn davon abhalten könne, auch hier seine Aufgaben zu erfüllen.

[9.] Als nun der Säugling ins Haus des Wirtes (dort ist die Kapelle) gebracht wurde, lief der Wirt aus dem Haus und kam erst um elf Uhr in der Nacht zurück. Inzwischen taufte der Missionar trotz dessen Widerspruch unerschrocken das Kind mit allen Zeremonien. Nur wenige Tage vergingen, als ein weiterer Soldat auch für sein Kind dies vom Missionar erbat. Ein lutherischer Nachbar, ein gemeiner Soldat, meldete dem Wirt, sein Haus müsse zerstört werden, sobald der Missionar zum zweiten Mal die Taufe zu spenden versuche. Der Missionar erwiderte, er wolle auf Gewalt warten, von seiner Aufgabe aber keinen Fingerbreit abweichen. Und er taufte bereits das zweite Kind und sah das Haus völlig unbeschädigt stehen bleiben. [fol. 229v].

[10.] Kaum war eine weitere Woche verflossen, als sich der Missionar erneut zur Spendung der Taufe gezwungen sah. Hier widersetzte sich der Wirt nicht nur nicht, sondern wollte sogar Pate sein; schon in vollem Frieden ohne jeden Widerspruch spendete der Missionar die heilige Taufe.

[11.] Die katholische Sache wurde also eifrig betrieben und gewann mit großen Schritten Zuwachs, als plötzlich gegen Juni 1713 wiederum eine neue und scharfe Pest die Stadt und die Garnison verheerte, großen Schaden anrichtete, die früheren Fortschritte unterbrach und die gefasste Hoffnung gänzlich zunichte machte. Hier musste wiederum der Missionar hundertfache gewärtige Todesgefahren überstehen: im Haus, in dem er die Gottesdienste feierte, starb die Tochter an der Pest; im Haus, in dem er schlief, raffte die Pest eine Dienerin hinweg; im Haus, in dem er den Tisch besuchte, wurde eine Magd von der Pest ergriffen, die jedoch durch die einzigartige Güte Gottes die Gesundheit wieder erlangte.

[13.] *Lutheranus interim miles, decretis illis neutiquam attentis ad se peste correptum evocat urbis primarium praedicantem. Ast ille renuntiat ipsi conclusum esse a praedicantibus nullum a peste moribundum invisere, cur sanus neglexisset Lutheranam coenam. Ast miles curat praedicanti dici, quodsi venire abnueret, evocandum mox sacerdotem catholicum. Quibus auditis demum praedicans trepidans cum suo pane et vino adrepit et in platea ante infirmi aedes persistens iubet ex hypocausti fenestra duos rhombos eximi, per quem vitreum hiatum moribundo suam coenam porrigit. Plura similia caritatis Lutheranae prodigia lepida rumoribus circumferuntur.*

[14.] *Placuit tamen divinae clementiae e vitae tantae periculis tot praesentissimis salvum missionarium et incolumem eripere, sed in pauperie relinquere, cum certa? aliorum missionariorum tenuia pro sustentatione media suppeditentur illi, qui centies vitam suam tempore duplicis pestis discrimini debuit exponere.*

[15.] *Supplicatum Augustissimo imperatori, supplicatum excellentissimo comiti de Schönborn*[9]*, qui Augustissimi nomine ad tam difficilem spartam missionarium evocaverat. Supplicatum illustrissimo episcopo Spigacensi*[10]*, qui titulo vicarii per septentrionem apostolici statum missionis a missionario exegerat. Supplicatum confessario Augustissimi; surdis auribus cantatum, nihil impetratum. Augustissimi tamen confessarius*[11] *sui confratris vices miseratus quattuor imperiales dono misit; tacti quoque commiseratione alii per septentrionem missionarii, qui carnibus aliisque rebus liberaliter submissis tenuitatem eius multum sublevarint; quin etiam reverendissimus et*

---

9 Damian Hugo Philipp Graf von Schönborn (1676–1743) war kaiserlicher Gesandter in Hamburg (1708–1716) und Sequestrationskommissar in Hadeln (1711–1715), 1715 Kardinal, später Fürstbischof von Speyer (seit 1721) und Konstanz (seit 1740). – Zu ihm: C. Dahm: *s. v.* Schönborn, Damian Hugo Philipp, Reichsfreiherr (seit 1701 Reichsgraf) von, in: BBKL, 9, Herzberg 1995, Sp. 620–623. – S. Mauelhagen: Ordensritter – Landesherr – Kirchenfürst, Damian Hugo von Schönborn (1676–1743), Ubstadt 2001. – A. Flurschütz da Cruz: Zwischen Reich und Revolte, ZHG, 99, 2013, S. 1–29.

10 Agostino Steffani (1654–1728), Titularbischof von Spiga (1706–1728) war Apostolischer Vikar für Ober- und Unter-Niedersachsen. – Zu ihm: H.-G. Aschoff: Agostino Steffani als Apostolischer Vikar des Nordens: Grenzen und Möglichkeiten seines Amtes, in: C. Kaufold u. a. (Hg.), Agostino Steffani. Europäischer Komponist, hannoverscher Diplomat und Bischof der Leibniz-Zeit, Göttingen 2017, 207–219. – H. Thielen: *s. v.* Steffani, Agostino. In: Hannoversches Biographisches Lexikon, Hannover 2002, S. 346.

11 Pater Vitus Georg Tönnemann SJ (1659–1740) war Beichtvater des Kaisers (1694/1711). In dieser Eigenschaft wurde er bei Regierungsantritt Karls VI. auch Großkaplan der kaiserlichen Truppen und organisierte die Militärseelsorge neu. – Zu ihm: W. Thöne: Vitus Georg Thönemann 1659–1740. Ein Paderborner Diplomat am Hofe Kaiser Karls VI. In: Westfälische Zeitschrift, 91, Abt. 2, 1935, S. 47–60. – K. Korting: Vitus Georg Tönnemann, Wien 2011. – H. F. Thonemann: Confessor to the Last of the Habsburgs. The Emperor Charles (1685–1740) and Georg Tönneman, SJ (1659–1740), Banbury 2000. – „Tauben Ohren singen" vgl. mit K. F. W. Wander: *s. v.* Ohr 282 – „tauben Ohren predigen": kein Gehör finden, in: Deutsches Sprichwörter-Lexicon.

[12.] Was soll ich hier Weiteres erwähnen? Diese Gefahren mussten auf sich genommen werden, um die an der Pest Sterbenden auf einen seligen Tod vorzubereiten. Vieles will ich verkürzen. Jeder einzelne, ja sogar alle mussten einen schrecklichen Tod erwarten. Inzwischen zogen unsere Prediger ihren Kopf prächtig aus der Schlinge; auf ihrer jährlichen Versammlung beschlossen sie, man solle sich keinem Pestkranken nähern, sondern die Gesunden mahnen, rechtzeitig zum lutherischen Abendmahl zu gehen. Außerdem beschlossen sie, keiner solle weiterhin einzelnen die Beichte hören, sondern alle einmal und zugleich von der Kanzel aus die Lossprechung erteilen; die übliche Frühpredigt um fünf Uhr aber gänzlich aufzuheben.

[13.] Ein lutherischer Soldat, der von jenen Beschlüssen nichts gehört hatte, rief, als ihn die Pest ergriffen hatte, den Hauptpastor der Stadt zu sich. Jener aber ließ zurückmelden, von den Predigern sei beschlossen worden, keinen an der Pest Sterbenden zu besuchen; warum habe er das lutherische Mahl vernachlässigt. Der Soldat aber ließ dem Prediger sagen, wenn er sich zu kommen weigere, müsse bald der katholische Priester geholt werden. Erst als er das hörte, schlich sich der Prediger heimlich mit seinem Brot und Wein herbei, blieb vor dem Haus des Kranken stehen und ließ aus dem Kellerfenster zwei Scheiben herausnehmen, durch welche Öffnung im Glas er dem Sterbenden sein Mahl reichte. Mehrere ähnliche läppische Zeichen lutherischer Nächstenliebe erzählte man sich.

[14.] Doch es gefiel der göttlichen Güte, den Missionar aus den so vielen gewärtigen Gefahren für sein Leben gesund und unversehrt herauszureißen, aber in Armut zu lassen. Währenddessen wurden ihm, der sein Leben zur Zeit der doppelten Pest hundertfach der Gefahr aussetzen musste, zum Unterhalt nur bestimmte Mittel der anderen Missionare zur Verfügung gestellt.

[15.] Ein Gesuch wurde an den Kaiser gerichtet und ein Gesuch an den Grafen von Schönborn[9], der den Missionar im Namen des Kaisers auf den so schwierigen Posten gerufen hatte. Ein Gesuch wurde gerichtet an den Bischof von Spiga[10], der mit dem Titel eines Apostolischen Vikars für den Norden den Missionsposten vom Missionar gefordert hatte. Ein Gesuch wurde an den Beichtvater des Kaisers[11] gerichtet; doch es wurde vor tauben Ohren gesungen, nichts erreicht. Allerdings hatte der Beichtvater des Kaisers Mitleid mit seinem Mitbruder und schickte ihm vier Reichstaler als Geschenk. Auch andere Missionare im Norden wurden von Mitleid gerührt, die durch großzügige Zusendung von Fleisch und anderen Dingen seine Knappheit sehr erleichterten. Sogar der Dekan zum Heiligen Kreuz in Hildesheim, Herr Heerde[12], spendete nach einem freigebigen Almosen von 32 Reichstalern für unsere Armen dem Missionar gütig zwanzig Reichstaler.

amplissimus Hildesiensis ad Sanctam Crucem decanus dominus Heerde[12] *post eleemosynam triginta duo imperialium nostris pauperibus liberalissime donatam viginti imperiales missionario benignissime largitus est.*

[16.] *Vicem reddant Superi tam largis benefactoribus et rem Otterendorpiensem bene coeptam, nunc tamen iterum post alteram pestem multum iacentem feliciter rursum erigant et promoveant!*

4. 2. ANNUAE MISSIONIS OTTERENDORPIENSIS AD ALBIM ANNI 1714

[1.][K. T., Bestand Jesuiten 224, A 646/2, fol. 268v] *Lutheranismus videns stabilem hic loci missionarium*[13] *et religionis catholicae exercitium non modo intrepide continuari, sed praeclara etiam sumere incrementa, multis nunc damnabat suam incuriam, qua nascenti, ut aiunt, papismo non satis in principio obstetisset; nervos ergo omnes eo iam intendit, ut saltem secta haec papalis idololatria, ut volunt appellare?, nec firmiores agat radices nec suum virus ultra diffundat.*

[2.] *Hinc praedicantes*[14] *ubi in domo Lutherana famulum noverunt catholicum, blanditiis minisque adhibitis hospitem permovere conuntur, ut dimisso idololatro, sic appellant, Lutheranum in sua servitia admittere. Consules et senatum*[15] *in missionarium concitare laboraverunt obtinueruntque nuper consulare edictum, quo cavebatur, ne quis ulli catholico, praesertim missionario, domos, agros, hortos similiaque immobilia venderet, ut quibus igne potius et aqua interdicendum foret; quin si quis Lutheranorum cum missionario agit familiarius, statim a praedicantibus accersitur et de crimine hoc non levi acriter reprehenditur.*

---

12 Zum Dekan Johannes Heerde (auch: Hörde; 1675–1725), siehe H.-G. Aschoff: *s. v.* HILDESHEIM – Kollegiatsstift Heilig-Kreuz, in: J. Dolle (Hrsg.): Niedersächsisches Klosterbuch, 2, Bielefeld 2012, S. 712–719, S. 719. – Er war dort auch Scholaster und hatte daher im Jahre 1705 das Haus Kreuzstraße 7 zur Hälfte als Schule und zur anderen Hälfte als Stiftsherrnwohnung aufführen und mit seinem Familienwappen versehen lassen. – Nach dem Hildesheimer Sonntagsblatt von 1813, Nr. 55.

13 Die katholische Seelsorge in Otterndorf leitete 1714 Pater Heinrich Schreiber SJ. – Zu ihm siehe oben Anm. 3.

14 Zu den lutherischen Pastoren in Otterndorf 1714 siehe oben Anm. 7.

15 Georg Eitzen (1673–1720) war 1714 Erster Bürgermeister Otterndorfs (1713–1720). – Nach: U. Timm: Hadeler Kirchspielsleute,. Typoskript, Otterndorf 2017, S. 238.

[16.] Mögen die Himmlischen es den so großzügigen Wohltätern entgelten und das in Otterndorf gut begonnene, doch durch die zweite Pest wiederum sehr am Boden liegende Unternehmen wieder aufrichten und vorantreiben!

4. 2. DER JAHRESBERICHT DER OTTERNDORFER MISSION AN DER ELBE 1714

[1.][K. T., Bestand Jesuiten 224, A 646/2, fol. 268v] Da das Luthertum sah, dass sich der Missionar[13] hierorts beständig aufhielt und die Ausübung der katholischen Religion nicht nur unerschrocken weiterhin fortgesetzt wurde, sondern auch herrlichen Zuwachs gewann, verdammte es jetzt seine Sorglosigkeit sehr, mit der es dem aufkommenden, wie man sagt, Papismus anfänglich nicht ausreichend entgegen getreten wäre. Es richtete also alle seine Kräfte schon darauf, dass diese päpstliche Sekte, die Götzenverehrung, wie sie sie nennen wollen, wenigstens weder stärkere Wurzeln schlagen noch ihr Gift weiter verbreiten könne.

[2.] Sobald deshalb die Prediger[14] erfuhren, dass in einem lutherischen Haus ein katholischer Diener war, versuchten sie mit Schmeicheleien und Drohungen den Hauswirt zu veranlassen, den Götzenanbeter, wie sie sagen, zu entlassen und einen Lutheraner in seine Dienste zu nehmen. Sie mühten sich, Bürgermeister[15] und Senat gegen den Missionar aufzuhetzen, und erreichten neulich eine bürgermeisterliche Verordnung; in ihr wurde verordnet, keiner dürfe einem Katholiken, besonders dem Missionar, Häuser, Äcker, Gärten und ähnliche Immobilien verkaufen; diese müssten vielmehr verbannt werden. Sogar wenn ein Lutheraner zu freundschaftlich mit dem Missionar verkehrt, wird er sofort von den Predigern zur Rede gestellt und wegen dieses nicht leichten Vergehens scharf getadelt.

[3.] *Expertus id est templi Lutherani cantor, qui, cum missionarii amicitiam multo ambiret et hinc primum vesperi more Nicodemi*[16], *deinde publice inviseret eoque etiam privatis colloquiis adductus esset, ut vicibus non unis assereret esse se in conscientia sua convictum, exspectare modo occasionem, qua tuto ad sacra nostra transire posset, comperta illa cum missionario consuetudine multum primo a praedicantibus exagitatus, deinde ab officio amotus urbe demum cedere coactus est.*

[4.] *Sic in miserum efferbuit praedicantium furor, solo in catholicam religionem odio accensus; quo eodem odio instigati mille convitiis, scommatis, mendaciis nostram religionem proscindunt faciuntque invisissimum catholicum nomen. Certe accidit non ita pridem, ut catholicus natione Germanus puellam Lutheranam procaretur; quod cum Lutherani puellae cognati intelligerent, connubium hoc vehementissime dissuadent, usi hoc argumento non futurum, ut se mutuo intelligerent, cum maritus loqueretur catholice, quod idiomatis genere virgo Lutherana numquam didicisset. Credebant scilicet catholicos faecem quandam hominum esse ex ultima Thule*[17] *egressam, ab hujatibus et lingua et religione diversam.*

---

16 Vermutlich ist Henning Barentin gemeint, Kantor der lutherischen Gemeinde (von Februar bis Ende März 1715); danach wurde Johann Hinrich Meldau zum Kantor (1715–1736) gewählt. U. Timm erwähnt in diesem Kontext Streitigkeiten zwischen den Superintendenten und den Patronen der Schule, deren Hintergründe offenbar die Jesuiten nennen: Hadler Kirchspielsleute, S. 303. – Die Jesuiten gebrauchen auch in anderen Jahresberichten das Bild der biblischen Gestalt des Nicodemus, der nur nachts zu Jesus kommen wollte: *Erat autem homo e Phariseis, Nicodemus, … hic venit ad eum nocte, ed.* M. Weber, *Biblia sacra iuxta vulgatam versionem,* S. 1661. – „Es war ein Pharisäer namens Nicodemus, … Der suchte Jesus bei Nacht auf", Neue Jerusalemer Bibel, S. 1515.

17 Geologen bezeichnen damit den nördlichsten Landpunkt der Erde; bei verschiedenen Literaten gilt das Land Thule als entrücktes, mythisches Land: Vgl. A. Kleineberg, C. Marx, E. Knobloch und D. Lelgemann: Germania und die Insel Thule, Darmstadt 2010; mit D. Michalopoulos, "Ultima Thule ou Dieu a de l'humour" https://ceshe.fr/actualites/11_ultima-thule-ou-dieu-a-de-l-humour.html [Zugriff am 6. Mai 2019].

[3.] Das musste der Kantor der lutherischen Kirche erleben[16]. Zunächst bemühte er sich sehr um die Freundschaft zu dem Missionar und suchte ihn deshalb zunächst wie Nikodemus am Abend, dann öffentlich auf. Später wurde er auch in privaten Gesprächen dazu gebracht, dass er nicht nur einmal erklärte, er sei in seinem Gewissen überzeugt und warte nur auf eine Gelegenheit, in Sicherheit zu unseren Gottesdiensten übertreten zu können. Daher wurde er anfangs, als man von jenem Umgang mit dem Missionar erfahren hatte, von den Predigern bedrängt, dann aus seinem Amt entlassen und schließlich sogar gezwungen, die Stadt zu verlassen.

[4.] So erhitzte sich die Wut der Prediger auf den Armen, allein aus Hass auf die katholische Religion. Getrieben von demselben Hass schmähen sie mit tausend Beschimpfungen, Verspottungen und Lügen unsere Konfession und machen den katholischen Namen verhasst. Vor nicht langer Zeit geschah es, dass ein Katholik, ein Deutscher, um ein lutherisches Mädchen warb. Als die lutherischen Verwandten des Mädchens davon erfuhren, rieten sei heftig von dieser Heirat ab, mit dem Argument, sie könnten sich untereinander nicht verstehen, da der Mann katholisch rede, welche Sprechweise das lutherische Mädchen nie gelernt habe. Sie waren, versteht sich, der Überzeugung, dass die Katholiken ein Abschaum von Menschen seien, aus dem hintersten Thule[17] hervorgekommen, von den Hiesigen in Sprache und Religion verschieden.

[5.] Eine andere Lutheranerin, die einen katholischen Soldaten unserer Truppe heiraten wollte, erhielt von ihrem Verwandten einen Brief, in dem er abscheulich schrieb, diese Heirat sei ein todeswürdiges Verbrechen; er könne nämlich nicht zusehen, wie er schrieb, dass seine Nichte von einem papistischen Priester, einem Sohn Belials[18], mit einem Götzenanbeter verbunden werde. Doch die Frau ließ sich davon nicht beeinflussen und sagte dem Soldaten die Heirat zu, versprach auch eidlich, alle Kinder der katholischen Konfession zu überlassen. Im Gewissen hielt sie sich verpflichtet, mit ihrem Bräutigam von einem katholischen Priester und in einer katholischen Kirche getraut zu werden, und das vor allem deswegen, weil sie einen Prediger in der Nachbarschaft zum Bruder hatte und Töchter von Predigern zu ihren Nichten zählte, welches Predigerblut den katholischen Priester und seine Kirche völlig mied.

[5.] *Alia Lutherana nuptura catholico nostrae phalangis militi accepit a suo cognato litteras, quibus connubium illud velut crimen morte piandum attrociter*[l] *inscribat, cum videre, ut scribebat, non posset idololatrae suam neptem a papista sacerdote, filio Belial*[18]*, copulari. Quibus tamen mulier haud mota se uxorem militi addicit, proles etiam omnes catholicae religioni permittendas stipulata manu spopondit; sibi tamen ducebat conscientiae a sacerdote catholico et in templo catholico cum suo sponso coniungi, idque ea de causa, quod fratrem haberet in vicinia praedicantem et inter neptes numeraret praedicantium filias, qui praedicanticus sanguis sacerdotem templumque catholicum omnino refugeret.*

[6.] *Nostri praedicutii rem subodorati et in turbido piscaturi*[19] *istius copulationis sibi ius statim arrogabant, eo quod sponsa civici esset ordinis, utpote cuius prior e tribu sartoria maritus fuisset civitate donatus, promulgaveruntque par illud coniugum e cathedra sua. Opposuit se missionarius militemque eo adduxit, ut omnino a catholico sacerdote in nostro sacello more ordinario copulari voluerit; sponsa ergo, si viro potiri voluerit, consentire fuit coacta.*

18 Belial bezeichnet ursprünglich in der hebräischen Bibel ein niederträchtiges und unsoziales Verhalten. Personifiziert wird dann „eine dem ´Satan´vergleichbare Figur" darunter verstanden, ein „Verführer der Frommen und Gerechten", so U. Dahmen: *s. v.* Belial/Beliar, in: Lexikon Bibelwissenschaft [Zugriff am 6. Mai 2019].: https://www.bibelwissenschaft.de/wibilex/das-bibellexikon/lexikon/sachwort/anzeigen/details/belial-beliar/ch/e71a948ddf27d1e9b6dbade1b765eb0c/ [Zugriff am 6. Mai 2019].

19 Zur Redewendung „im Trüben fischen" siehe K. F. W. Wander: Deutsches Sprichwörter-Lexicon, *s. v.* Trüb[Zugriff am 4. Mai 2019]., http://woerterbuchnetz.de/cgi-bin/WBNetz/wbgui_py?sigle=Wander&mode=Vernetzung&lemid=WT00740#XWT00740 .

[6.] Als unsere Prediger die Sache rochen und im Trüben fischen[19] wollten, beanspruchten sie sofort das Recht zu dieser Trauung für sich, da die Braut bürgerlichen Standes sei – ihr früherer Mann aus der Schneiderzunft hatte nämlich das Bürgerrecht erhalten – und boten das Ehepaar von ihrer Kanzel auf. Dem widersetzte sich der Missionar und brachte den Soldaten dazu, dass er nur von einem katholischen Priester in der üblichen Form in unserer Kapelle getraut werden wollte. Die Braut musste also, wenn sie den Mann gewinnen wollte, zustimmen.

[7.] Doch sobald man an die Tür der katholischen Kirche [fol. 269r] gekommen war, zog jene die Schultern zusammen und brach in Tränen aus. Sie wandte den Kopf ab und, als ihr das verwandte Predigerblut wieder in Erinnerung kam, weigerte sie sich erst, unsere Kirche zu betreten, bis sie sich, vom herbeieilenden Missionar freundlich eingeladen, in die Kirche ziehen ließ, ohne dass sie an die Hand genommen worden wäre. Obwohl ihre blutsverwandten Predigertöchter schon lange versprochen hatten, dass sie als Ehrenjungfrauen an der Trauung teilnehmen würden, konnten sie doch nicht veranlasst werden, dieses Versprechen in unserer Kirche zu erfüllen. So bewirken die Verdrehungen der Prediger, dass die Heiligkeit unserer Religion den Gegnern Schrecken einjagt.

[8.] Eine andere Lutheranerin, seit dem kürzlichen Tod ihres katholischen Mannes und eifrigen Soldatens Witwe, erzog ihren einzigen Sohn bisher katholisch, hatte sie dies doch hundertmal versprochen. Als sie aber vor nicht so langer Zeit von einem Vorgesetzten wegen ihres frechen Mundwerks Schläge erhalten hatte, entzog sie aus Empörung ihren Sohn der katholischen Schule und Kirche und brachte ihn zu lutherischen Lehrern. Voller Freude deuteten die Prediger den Groll der Frau als glänzenden Eifer, zogen den jungen Mann an gewissen Wochentagen an ihren Tisch, kleideten ihn mittels fremden Almosen, statteten ihn aus, stellten ihm die nötigen Schulunterlagen zur Verfügung und versprachen, ihn nach einigen Jahren bei einem Handwerker in Stellung zu geben, damit er davon nicht nur ehrbar, sondern sogar reich leben könnte. Der junge Abtrünnige ist schon zu Luthers Sekte übergetreten, zu der ihn der Groll der Mutter verleitete und die blendende Freigebigkeit der Prediger aus fremden Gut zog.

[7.] *Ubi tamen ad templi catholici ianuam* [fol. 269r] *ventum est, illa contrahere humeros, manare lacrymis, avertere caput et, recurrente in memoriam agnato praedicantico sanguine, ingressum in ecclesiam nostram coepit recusare, donec ab accurrente missionario humanissime invitata et tantum non arrepta manu in templum fuit protracta. Ipsius tamen consanguineae praedicantium filiae, cum dudum promisissent se honorarias comites copulationi adstituras, adduci non potuerunt, ut id promissi in templo nostro explerent. Sic praedicantium calumniae faciunt, ut sanctitas religionis nostrae horrori sit adversariis.*

[8.] *Alia mulier Lutherana a nupero catholici mariti et strenui militis obitu vidua suum, quem habebat unicum filium, educabat adhuc catholice, eo quod centies promisisset id se facturam. Cum autem non ita pridem ob garrulum os aliquot a decurione ictus retulisset, prae indignatione filium a schola temploque catholico abstrahit, ad Lutheranos praeceptores ablegat. Gaudio pleni praedicantes mulieris furorem praeclarissimum zelum interpretantur iuvenemque certis in septimana diebus ad suam mensam assumunt, ex alienis eleemosynis vestiunt, ornant, necessaria scholastica subministrant, opificio, unde non honeste modo, sed et opulente viveret, post annos aliquot applicandum promittunt; transiitque iam iuvenis apostata ad Lutheri sectam, ad quam maternus furor impellebat et speciosa attrahebat praedicantium ex aliena curia liberalitas.*

[9.] *Catholicus tamen civis unde occasionem arripuit id demum effectui dandi, quod dudum statuisset. Habebat ille e priore matrimonio duos filios, quos educabat in Lutheranismo, relicta apud praedicantem syngrapha, qua id se facturum pollicebatur. Sed nunc ratus se non plus teneri suis promissis scriptis quam modo dicta mulier suis pollicitationibus centies oretenus marito traditis avocatumque a Lutherana schola utrumque iuvenem una cum aliis praesentis matrimonii liberis educat catholice.*

[10.] *Rudis simul est hic loci Lutheranismus et grossus suorumque errorum oppido tenax. Quibus si contraria aliquando a missionario audirent, mirantur, quodnam sit illud hominum genus, quod alias a suis cantantissimis teneat doctrinas. Unus patriae primus*[20] *missionarium cum aliis primoribus invitaverat ad mensam. Ubi delapsa ad mandata Dei sermone omnium tenacissima erat sententia esse servatu tam impossibilia quam quicquam, quidquid ageremus. Reponit missionarius errare ergo scripturam, cuius haec apud sanctum Johannem sit sententia*[21]*: „Haec est caritas Dei, ut mandata eius custodiamus, et mandata eius gravia non sunt". „Si non sunt gravia, sunt possibilia servatu".*

---

20 Gemeint ist vermutlich der Schultheiß aus Lüdingworth Johannes Aycke. – Gefunden bei E. Rüther, Hadler Chronik, Nr. 1004, S. 355.

21 Vgl. 1 Joh 5, 3, *Biblia sacra iuxta vulgatam versionem, rec.* R. Weber, S. 1877. – „Denn die Liebe zu Gott besteht darin, dass wir seine Gebote halten. Seine Gebote sind nicht schwer", Neue Jerusalemer Bibel, S. 1776.

[9.] Ein katholischer Bürger ergriff daher die Gelegenheit, das durchzusetzen, was er schon längst beschlossen hatte. Aus einer früheren Ehe hatte er zwei Söhne, die er im Luthertum erzog, da er bei einem Prediger ein Handschreiben hinterlegt hatte, in dem er das zu tun versprochen hatte. Jetzt aber meinte er, an sein schriftliches Versprechen nicht länger gebunden zu sein als die besagte Frau mit ihren hunderten mündlichen Versprechungen ihrem Mann gegenüber. Er meldete beide Jugendlichen von der lutherischen Schule ab und erzieht sie zusammen mit anderen Kindern aus der jetzigen Ehe katholisch.

[10.] Ungebildet, zugleich grob und starr an seinen Irrtümern festhaltend ist das hiesige Luthertum. Wenn sie vom Missionar etwas hören, was dem entgegensteht, wundern sie sich, was das für ein Menschenschlag ist, der an anderen Lehren als den bei ihnen weithin verbreiteten festhält. Ein führender Mann des Landes[20] hatte den Missionar mit anderen Vornehmen zu Tisch geladen. Als man dann auf die Gebote Gottes zu sprechen kam, war die hartnäckige Meinung aller, dass sie unmöglich einzuhalten seien wie alles, was wir täten. Der Missionar entgegnete, folglich irre die Schrift, deren Meinung beim heiligen Johannes[21] laute: „Denn die Liebe zu Gott besteht darin, dass wir seine Gebote halten. Seine Gebote sind nicht schwer." „Wenn sie nicht schwer sind, ist es möglich sie einzuhalten."

[11.] *Respondit patriae primus non esse gravia pro regenitis. Reponit missionarius in scriptura simpliciter dici non esse gravia, nulla facta ad regenitos limitatione, rogatque, dignetur exponere, quid per regenitos intellegat. Ubi ille: „Regeniti sunt, qui de peccatis agunt poenitentiam". Quaerit missionarius: „An ergo de peccatis agere possimus poenitentiam?" Respondet non esse dubium. Subinfert missionarius: „Ergo peccator servare Dei legem potest; peccator enim, ut dicitur, potest agere poenitentiam; qui agit poenitentiam, est regenitus; qui est regenitus, potest servare Dei legem."*

[12.] *Quibus ille auditis obstipuit et ulterior vox faucibus haesit. Iuvare tamen hominem voluit urbis consul*[22]*, qui aderat, et per regenitos intelligebat istos, qui non peccarent malitiose et ex industria. Rogat ergo missionarius, an ita legem Dei servare possimus, ut ex industria non violemus. Annuit. Subsumit missionarius: „Possumus ita servare Dei legem, ut maltiose et ex industria non violemus, atqui tales sunt regeniti; ergo possumus servare Dei legem, cum possimus esse regeniti, in quorum potestate est, ut vultis, divinae legis observantia." Obmutuit.*

[13.] *Novam tamen regeniti expositionem proponit tertius, scilicet regenitos esse, qui habeant* [fol. 270v] *veram fidem. Subsumit missionarius: „Vos Lutherani, ut vultis, habetis veram fidem, ergo vos Lutherani estis regeniti, atqui regeniti possunt servare legem Dei, ergo vos Lutherani potestis servare legem Dei." Conticuit.*

[14.] *Quartus aliam viam ingressus ait ante Adami lapsum potuisse quidem nos, non autem post lapsum servare Dei legem. Reponit missionarius post lapsum dicere scripturam mandata Dei non esse gravia, post lapsum dicere Christum: „Si vis ad vitam ingredi, serva mandata"*[23]*; post lapsum puniri transgressorem aeterna poena, post lapsum promitti observatori aeternam vitam, igitur post lapsum debere posse servari. Siluit.*

---

22 Georg Eitzen (*1673, †1720) war 1714 Otterndorfs Erster Bürgermeister – nach U. Timm, Hadler Kirchspielsleute, S. 238.

23 Mt. 19, 17, *Biblia sacra iuxta vulgatam versionem, rec.* R. Weber, S. 1555: *Si autem vis ad vitam ingredi, serva mandata.* – „Wenn du aber das Leben erlangen willst, halte die Gebote", Neue Jerusalemer Bibel, S. 1411.

[11.] Der führende Mann des Landes erwiderte, schwer seien sie nicht für Wiedergeborene. Der Missionar entgegnete, in der Schrift werde einfach gesagt, sie seien nicht schwer, ohne dass es auf die Wiedergeborenen beschränkt sei, und er bat ihn, er möchte ihm doch darlegen, was er unter Wiedergeborenen verstehe. Da sagte jener: „Wiedergeboren sind die, die für ihre Sünden Buße tun." Der Missionar fragte: „ Wir können also für unsere Sünden Buße tun?" Er antwortete, das sei zweifellos so. Da brachte der Missionar vor: „Folglich kann ein Sünder das Gesetz Gottes halten; ein Sünder kann, wie gesagt, Buße tun; wer Buße tut, ist wiedergeboren; wer wiedergeboren ist, kann Gottes Gesetz halten."

[12.] Nach dieser Entgegnung verstummte er und ein weiteres Wort blieb ihm im Halse stecken. Doch diesem Menschen wollte der Bürgermeister[22] zur Seite springen, der auch anwesend war. Unter Wiedergeborenen verstand er die, die nicht böswillig und mit Fleiß sündigten. Der Missionar fragte also, ob wir so das Gesetz Gottes halten könnten, wenn wir es aus Fleiß nicht verletzten. Er stimmte zu. Der Missionar zog den Schluss: „So können wir Gottes Gesetz halten, wenn wir es nicht böswillig und aus Fleiß verletzen, und solche sind Wiedergeborene; also können wir Gottes Gesetz halten, da wir Wiedergeborene sein können, in deren Macht, wie ihr wollt, die Einhaltung des göttlichen Gesetzes liegt." Er verstummte.

[13.] Eine neue Auslegung des Wiedergeborenen schlug ein dritter vor, nämlich wiedergeboren seien die, die [fol. 270v] den wahren Glauben hätten. Daraus schloss der Missionar: „Ihr Lutheraner habt, wie ihr behauptet, den wahren Glauben, also seid ihr Lutheraner wiedergeboren, und Wiedergeborene können das Gesetz Gottes halten, also könnt ihr Lutheraner das Gesetz Gottes halten." Auch er schwieg.

[14.] Ein vierter schlug einen anderen Weg ein und behauptete, vor Adams Fall hätten wir Gottes Gesetz halten können, nach dem Sündenfall aber nicht. Der Missionar setzte dagegen, nach dem Fall sage die Schrift, Gottes Gebote seien nicht schwer, nach dem Fall sage Christus: „Wenn du zum Leben eingehen willst, dann halte die Gebote"[23], nach dem Sündenfall werde der, der sie übertrete, mit ewiger Strafe bestraft, nach dem Sündenfall werde dem, der sie beachte, das ewige Leben versprochen, nach dem Sündenfall also müssten sie beachtet werden können. Er schwieg.

[15.] *Quintus ergo se certe triumphaturum ratus asserit frustra fuisset Christus mortuus, si in nostra potestate foret servare Dei legem; qua tamen stante impossibilitate nunc nostrae transgressiones per Christi merita non tolluntur quidem, teguntur tamen. Reponit missionarius contrarium certe consequi; si enim impossibile sit servare legem Dei, non est transgressio ad grave delictum imputabilis, utpote non evitabilis; pro peccato enim non imputabili non necessarius foret tantus redemptor; e contra dum servatu possibilis lex sit, est simul transgressio nobis imputabilis et divinae irae meritoria adeoque divini etiam ordinis condignum satisfactorem et redemptorem postulans; et si per Christi merita teguntur modo, non tolluntur nostra delicta, fallit aut fallitur divinus Johannes Baptista, dum ait: „Ecce agnus Dei, qui tollit peccata mundi"*[24]*. Obmutuit et ille.*

[16.] *Vix biduum ab illa amicabili inter epulas disceptatione intercesserat, cum duo ex illo consortio primates coeperunt graviter infirmari et decimo aut duodecimo circiter die ex hac vita discedere, experti utique ante iudicis divini tribunal*[25]*, an catholica aut Lutherana thesis fuerit veritati conformior. Quo rudior, eo hic loci gens suorum dogmatum tenacior est.*

[17.] *Multas habuit molestias missionarius a copiis Danicis magno numero catholicis in vicino Bremensi solo habentibus stativa*[26]*, ad quos prope viginti vicibus fuit excurrendum, idque iam navali, iam curruli, iam equestri, iam pedestri semper difficili itinere, nunquam sine missionarii impensis, quamquam gregarius miles aliquoties fuerit humanus, ut collectos aliquot imperiales motu proprio in aliquam laborum remunerationem missionario obtulerit; quod praemii genus cum missionarius constanter recusaret, aegrotos etiam de suo aere eleemosynis ordinarie recrearet, nummis quidem vacuam, praeclara tamen aestimatione refertam retulit crumenam suam.*

---

24 Joh, 1, 29, *Biblia sacra iuxta vulgatam versionem, rec.* R. Weber, S. 1659: *Ecce agnus dei, qui tollit peccatum mundi.* – „Seht das Lamm Gottes, das die Sünde der Welt hinwegnimmt", Neue Jerusalemer Bibel, S. 1513.

25 Vgl. 2 Kor. 5, 10, *Biblia sacra iuxta vulgatam versionem, rec.* R. Weber, S. 1793: *omnes enim nos manifestari oportet ante tribunal Christi.* – Neue Jerusalemer Bibel, S. 1678:„Denn wir alle müssen vor dem Richterstuhl Jesu offenbar werden".

26 Nach der verheerenden Niederlage bei Poltava König Karls XII. von Schweden in Russland landete sein Gegner Friedrich IV. (1671–1730), König von Dänemark (1699–1730), am 20. Juli 1712 mit Truppen bei Stade, eroberte die Stadt und besetzte den größten Teil des Herzogtums Bremen-Verden: F. Köster, Geschichte des königlichen Konsistoriums, S. 32 f. – E. Opitz: Die „hannoversche Zeit", S. 257. – In der Hadler Chronik ist außerdem von Lüneburgischen Truppen unter Leutnant Schrader die Rede, die sich ab dem 21. November 1714 in Altenbruch einquartiert hätten, S. 432.

[15.] Ein fünfter meinte, er werde sicherlich triumphieren, und behauptete, vergeblich wäre Christus gestorben, wenn es in unserer Macht stünde, Gottes Gesetz zu halten; doch bei dieser Unmöglichkeit werden unsere Übertretungen jetzt durch die Verdienste Christi zwar nicht weggenommen, doch verdeckt. Der Missionar entgegnete, das Gegenteil folge daraus; denn wenn das Gesetz Gottes zu halten unmöglich sei, könne eine Übertretung nicht zu einem schweren Vergehen angerechnet werden, da sie ja nicht vermeidbar sei; denn für eine Sünde, die nicht angerechnet werden könne, sei ein so großer Erlöser nicht notwendig; wenn dagegen das Gesetz einzuhalten sei, ist eine Übertretung bei uns anrechenbar, verdient den göttlichen Zorn und fordert einen der göttlichen Ordnung würdigen Genugtuer und Erlöser; und wenn durch Christi Verdienste unsere Vergehen nur verdeckt, aber nicht hinweggenommen werden, täuscht der heilige Johannes der Täufer oder wird getäuscht, wenn er sagt: „Siehe das Lamm, Gottes, das die Sünden der Welt hinwegnimmt"[24]. Auch er schwieg.

[16.] Kaum zwei Tage waren seit jener freundschaftlichen Debatte vergangen, als zwei Vornehme aus jenem Kreis schwer erkrankten und zehn oder zwölf Tage danach aus diesem Leben schieden; so haben sie vor dem Stuhl des göttlichen Richters[25] erfahren können, ob die katholische oder die lutherische These eher der Wahrheit entspricht. Je ungebildeter, umso hartnäckiger hält das Volk hier an seinen Lehrsätzen fest.

[17.] Viel Last hatte der Missionar mit den katholischen dänischen Truppen, die auf Bremer Territorium in der Nachbarschaft ihre Standlager hatten[26]. Zu diesen musste er etwa zwanzig Mal reisen, bald zu Schiff, bald mit dem Wagen, bald zu Pferde, bald zu Fuß, immer auf schwierigem Weg. Dies geschah niemals ohne Kosten für den Missionar, obwohl die gemeinen Soldaten mehrmals so freundlich waren, dass sie einige gesammelte Reichstaler von sich aus zum Ausgleich der Mühen dem Missionar anboten. Weil der Missionar diese Art Belohnung beharrlich ablehnte, die Kranken sogar von seinem Geld mit Almosen gewöhnlich erquickte, brachte er seine zwar leere, doch mit klarer Wertschätzung gefüllte Geldbörse heim.

[18.] *Hoc insuper recreatus solatio, quod miles ille Danicus semper ad divina bene devotus, ut praeclare poenitens accedentes officiales etiam Lutherani non modo non impedirent, sed etiam id pietatis genus promoverent. Excurrendum erat Stadam per ingentem nivium, pluviarum, ventorum frigidissimam tempestatem ad militem confossi commilitonis reum educendum ad supplicii locum. Colonellus Lutheranus pro habendo interea temporis officio divino suam domum offerebat, mensa etiam sua missionarium semper adhibebat; cui cum missionarius proponeret, an non praedicari posset, ut quot dominicis et festis miles praesidiarius catholicus in certum locum certa hora conveniret, ubi quis in defectu sacerdotis concionem Germanicam certasque preces a missionario accipiendas praelegeret, ne plane sylvesceret manipulus ille catholicus, statim annuit colonellus suamque domum ad haec obtulit spondens se laboraturum, ut omnes, qui ab excubiis aliisque necessariis negotiis essent liberi, illuc confluerent; hac enim via a tabernis et vino adusto aliisque insolentiis melius fore arcendos.*

[19.] *Apud* [fol. 270r] *militem incarceratum omnis etiam missionario relicta fuit libertas*[27]*, qua usus ita per Dei gratiam hominem disposuit, ut mortem hanc violentam inter dona Dei quasi vi ad salutem aeternam pertrahentis numeraret, aperte edicens, si vitae gratia fieret, se hanc reiecturum. Unde omnino confidimus a carnificis gladio ad superos transvolavisse.*

[20.] *Deprehendit missionarius sub signis Danicis plures exuto cucullo e monasteriis profugos monachos*[28]*. Unus per specialem beatissimae Virginis opem feliciter fuit reductus. Cum enim a fide necdum defecisset, imo hanc inter Lutheranos aliquoties acriter propugnasset, persuasus fuit a missionario, ut invocaret opem beatae Virginis eamque velut matrem filiali affectu veneraretur et in illum finem suum recurrens rosarium ad illa salutationis angelicae verba*[29]*: A v e M a r i a adderet haec paucula: Mea mater. Quod enim faceret; hac Virgine utique duce, viatico a missionario accepto, ad suos rediit. Reliqui tamen necdum permoveri potuerunt, ut e militaribus castris ad vetera monastica stativa redirent.*

27 Die Begleitung der zum Tode Verurteilten galt als eine Spezialität der Jesuiten: M. Friedrich, Die Jesuiten, S. 191–194.

28 In den evangelischen Landen hielt sich eine größere Zahl von Männern vormals geistlichen Standes auf, Mönche wie Weltgeistliche. Da sie meist keine ihrem Bildungsstand gemäße Arbeit fanden, sind nicht wenige Soldaten geworden.

29 Es handelt sich um das Angelus-Gebet. – Dazu: H. Thurston: *s. v.* Ave Maria, in: DSp, 1, c. 0.

[18.] Dazu wurde er durch den Trost erquickt, dass jene dänischen Soldaten beim Gottesdienst immer ganz andächtig waren, so dass sogar hinzukommende lutherische Offiziere die herrlich Beichtenden nicht nur nicht hinderten, sondern auch in dieser Frömmigkeitsform förderten. Nach Stade musste man zur kältesten Jahreszeit bei hohem Schnee, Regen und Wind reisen, um einen Delinquenten, der einen Kameraden erstochen hatte, zum Richtplatz zu geleiten. Ein lutherischer Hauptmann bot sein Haus an, um inzwischen Gottesdienst zu halten, zog den Missionar auch immer an seinen Tisch. Als der Missionar ihm vorschlug, ob nicht gepredigt werden könne, stimmte der Hauptmann sofort zu. So könnten sich die katholischen Garnisonssoldaten an Sonn- und Feiertagen an einen bestimmten Ort zu bestimmter Zeit versammeln, wo jemand bei Fehlen eines Priesters eine deutsche Predigt und bestimmte, vom Missionar zu erhaltene Gebete verlesen könne, damit jene Katholikenschar nicht völlig verwildere. Der Hauptmann stellte sogar sein Haus mit dem Versprechen zur Verfügung, er werde sich dafür einsetzen, dass alle, die vom Wachdienst und anderen nötigen Aufgaben frei seien, dorthin kämen; denn auf diese Weise könnten sie besser von den Schenken, dem Branntwein und anderen Ausgelassenheiten ferngehalten werden.

[19.] Bei [fol. 270r] dem Soldaten im Kerker wurde dem Missionar auch jede Freiheit gelassen[27]; in dieser Freiheit bereitete er den Mann durch Gottes Gnade so vor, dass er diesen gewaltsamen Tod zu den Geschenken Gottes rechnete, der ihn sozusagen mit Gewalt zum ewigen Heil zöge. Offen sagte er, werde er begnadigt, werde er die Gnade zurückweisen. Daher sind wir zuversichtlich, dass er vom Schwert des Henkers in den Himmel hinübergeflogen ist.

[20.] Unter den dänischen Fahnen traf der Missionar auf mehrere Mönche, die ihre Kutte abgelegt und aus Klöstern geflohen waren[28]. Einer wurde durch die besondere Hilfe der seligen Jungfrau glücklich zurückgeführt. Denn da er noch nicht vom Glauben abgefallen war, ihn sogar unter den Lutheranern manchmal scharf verteidigt hatte, ließ er sich vom Missionar überreden, die Hilfe der seligen Jungfrau anzurufen, sie wie eine Mutter mit kindlicher Liebe zu verehren, zu diesem Zweck seinen Rosenkranz zu beten und zu den Worten des Angelus-Grußes: „Gegrüßet seist Du, Maria!“ [29] die wenigen Worte hinzuzufügen: „Meine Mutter“. Das tat er auch; und unter dem Geleit dieser Jungfrau kehrte er, nachdem er vom Missionar Reisegeld erhalten hatte, zu den Seinen zurück. Die übrigen jedoch konnten noch nicht dazu gebracht werden, aus den Militärlagern in ihre alten klösterlichen Standorte zurückzukehren.

[21.] *Coepta hoc anno Otterendorpii sodalitas agonizantis Christi*[30] *praeclare floret. Plurimi enim hujates catholici in album hunc sodalium relati id solenne habent, ut quot mensibus prima dominica, qua sodalitas illa celebratur, confessionis et communionis sacramenta frequentent, coepitque sodalium numerus augeri, acceptis Roma ope illustrissimi Spigacensis plenariis indulgentiis, non ante tamen publicatis*[31]*, quam populus sufficienter instructus satis sciret, tum quid rei essent indulgentiae, tum quid fundamenti haberent in scriptura, tum quid sarcasmis Lutheranorum opponi deberet.*

[22.] *Intererat aliquando sodalitati agoniae una cum suo domino fratre idem patriae primus, de quo supra. Refert altero die placuisse omnia, sed illam sanctorum invocationem abhorrere a suae religionis principiis*[32]*. Reponit missionarius sanctos patres fuisse visos admodum prudentes probosque, qui sanctorum tamen apud Deum intercessionem saepe et sedulo flagitaverint. Mox ille: non esse tamen sanctos patres supra scripturam. Consentit missionarius, sed cum fuerint scripturae tunc gnari, simul etiam viri probi sanctique, qui numquam id tentavissent, quod scriptura vetante esset illicitum; consequens est nulla scriptura sanctorum invocationem inhiberi. „Ast tamen, inquit ille, in aperto tamen sunt scripturae textus". Reponit missionarius nullum esse in scriptum textum, qui non fuerit a sanctis patribus et lectus et bene perpensus; „et cum tamen illi tantae virtutis viri ad sanctorum invocationem processerint, in aperto item est nullo textu huius invocationis inhibitionem contineri."*

[23.] *Mox primus: „Quid clarius hoc textu: I n v o c a m e i n necessitate*[33]*?" „Est, inquit missionarius, etiam hunc textum legerunt sancti patres, et cum illo non obstante sanctos invocaverint, conficitur nec hoc textu vetari sanctorum invocationem; et si ad evertendam sanctorum invocationem hic textus adhiberi debeat, nimium profecto illo adeoque nihil probari; simul enim consequitur nec ad hominem quidem dici posses: Ora pro me; non enim tunc Deum, sed hominem in tua necessitate invocas." Non habuit hic ultra, quod opponeret. Sed missionarium manu arreptum ad herbam the sumendam ducit.*

---

30 An vielen ihrer Wirkungsstätten gründeten die Jesuiten Todesangst-Bruderschaften.– Dazu siehe oben Anm. 5, S. 40.

31 Zu Bischof Agostino Steffani siehe oben Anm. 10, S. 46.

32 Die Heiligen-Verehrung war in der Tat ein strittiges Thema. Akzentuiert(e) die evangelische Seite die alleinige Mittler-Rolle Christi zwischen Gott und Menschen, so hielt das Trienter Konzil weitgehend an den älteren Positionen fest. Die evangelische Seite sah und sieht in den Heiligen durchaus noch Vorbilder im Glauben, doch durch die Kirchenordnungen wurden „Tatsachen geschaffen, die … jedes ehrende Andenken zunächst unmöglich machten". – Zur Sache: J. Moritzen: Die Heiligen in der nachreformatorischen Zeit, Flensburg o. J., darin S. 11–15, Zitat S. 30.

33 Ps. 50, 15, *Biblia sacra iuxta vulgatam versionem rec.* R. Weber, S. 830: *et invoca me in die tribulationis.* – „Rufe mich an am Tag der Not", Neue Jerusalemer Bibel, S. 799.

[21.] Die in diesem Jahr in Otterndorf begonnene Todesangst-Bruderschaft[30] steht in herrlicher Blüte. Denn die meisten hiesigen Katholiken ließen sich in die Liste der Mitglieder eintragen und halten daran fest, dass sie allmonatlich am ersten Sonntag, an dem die Bruderschaft ihre Feier hat, die Sakramente der Buße und Eucharistie aufsuchen. Die Zahl der Mitglieder stieg stetig an, seitdem mit Hilfe des Bischofs von Spiga[31] aus Rom ein vollkommener Ablass gewährt worden ist. Dieser wurde aber erst publik gemacht, nachdem das Volk, ausreichend unterrichtet, zur Genüge wusste, was Ablässe sind, welche Grundlage sie in der Schrift haben, was den Spöttereien der Lutheraner entgegengesetzt werden muss.

[22.] Einmal nahm an der Todesangst-Bruderschaft zusammen mit seinem Bruder der oben genannte erste Mann des Landes teil. Am nächsten Tag berichtete er, alles habe ihm gefallen, doch jene Anrufung der Heiligen widerspreche den Grundsätzen seiner Religion[32]. Der Missionar erwiderte, dass die heiligen Kirchenväter offensichtlich sehr klug und rechtschaffen gewesen seien, die doch oft und eifrig die Fürsprache der Heiligen bei Gott gefordert hätten. Darauf jener: Die heiligen Väter stünden nicht über der Schrift. Der Missionar stimmte zu, aber da sie damals schriftkundig gewesen seien, zugleich auch rechtschaffene und heilige Männer, hätten sie niemals etwas unternommen, was durch das Verbot der Schrift unerlaubt gewesen wäre; folgerichtig sei, dass kein Schriftwort die Anrufung der Heiligen verbiete. „Doch offen auf der Hand, sagte jener, liegen die Texte der Schrift". Der Missionar setzte dagegen, es gebe keinen Schrifttext, der von den heiligen Vätern nicht gelesen und gut durchdacht worden sei; „und da doch jene Männer von solch großer Tugend sich zur Anrufung der Heiligen bekannt hätten, liegt es ebenso auf der Hand, dass in keinem Text ein Verbot dieser Anrufung enthalten sei."

[23.] Bald sagte der erste Mann: „Was ist deutlicher als folgender Text: In der Not rufe mich an"[33]! „Ja, erwiderte der Missionar, auch diesen Text lasen die heiligen Väter, und da sie die Heiligen anriefen, ohne dass dieser Text ihrer Haltung widersprach, ergibt sich daraus, dass die Anrufung der Heiligen auch nicht durch diesen Text verboten wird. Doch wenn dieser Text zur Abschaffung der Anrufung der Heiligen verwendet werden sollte, werde durch ihn allzu viel und gar nichts bewiesen; denn daraus ergibt sich, nicht einmal zu einem Menschen könnte man sagen: Bete für mich!, denn dann ruft man in seiner Not nicht Gott an, sondern einen Menschen." Jetzt konnte er nichts mehr darauf entgegnen. Aber er nahm den Missionar bei der Hand und lud ihn zu einer Tasse Tee ein.

[24.] *Praedicat ibi felicitatem Lutheranae religionis in eo sitam, quod genuinam habeat verbum Dei, pro quo suae gentis maiores tam fuerint solliciti, pro quo emendando, limando, perficiendo summa cura, industria in hunc usque diem laboretur Hamburgi. Subridens* [fol. 270v] *missionarius assumit: „Si emendatur, limatur, perficitur verbum Dei usque hodie, ergo protoparentes vestri habent verbum Dei imperfectum, corruptum, emendationis et limae indigum. Infelix ergo fuerit antiquior Lutheranismus veri verbi Dei destitutus. Et quid demum Lutherani, pergit missionarius, possunt habere prudentis certitudinis circa genuinum Dei verbum? Lutheri versionem ambobus bracchiis amplectuntur; ast ille suam primam damnavit ipse, secundae contradicit Ossiander*[34]*, contradicit Bucerus*[35]*, diversam producit Oecolampadius*[36]*, diversam Munsterus*[37]*, diversam Erasmus*[38]*. Quisque illorum suam fontibus confirmem, alteram difformem clamitat. In tanto ipsos inter Lutheranos dissensu, quid, quaeso, certi habebit Lutheranismus? Quanto prudentius procedunt catholici! Habent illi Biblia versa a sancto Hieronymo. Non permittebat viri sanctitas, ut per malitiam nec singulari orientalium linguarum peritia, ut per ignorantiam a fontium sensu deflecteret. Praeterea haec Biblia centenis ante Lutherum annis erant in communi usu, suntque ab oecumenicis comitiis confluxu tot centenorum doctorumque patrum examinata, discussa, approbata et pro genuinis agnita; et iam fundamentum habemus illa pro legitimo Dei verbo acceptandi."*

[25.] *Agnovit homo, et cum praesens Lutheranus medicus*[39] *adhuc quid pro scriptura Lutherana proferret, ille cum missionario facile missionarii sententiam contra medicum Lutheranum tuebatur. Dolemus dominum illum maturo nimis fato fuisse nobis ereptum.*

---

34 Zu Andreas Osiander (1498–1552), dem evangelischen Theologen und Reformator in Nürnberg und in Ostpreußen, der die Rechtfertigungslehre anders als die Wittenberger Theologen sah: P. G. Aring: *s. v.* Osiander, Andreas, in: BBKL, 6, Herzberg 1993, Sp. 1298 f. – G. Seebaß: *s. v.* Osiander, Andreas, in: NDB, 19, Berlin 1999, S. 608.

35 Zu Martin Bucer (1491–1551), dem evangelischen Theologen und Reformator in Ulm, Memmingen, Biberach und Augsburg: M. Greschat: Martin Bußer. Ein Reformator und seine Zeit, Münster 2.2009.

36 Zu Johannes Oecolampad (1482–1531), dem Theologen und Reformator in Basel: W. Troxler: *s. v.* Oekolampad, Johannes, in: BBKL, 6, Bautz, Herzberg 1993, Sp. 1133–1152.

37 Zu Thomas Müntzers (ca. 1589–1525) Kritik an Luthers Bibelübersetzung: E. Wolgast: Thomas Müntzer, Göttingen 1981, S. 37 f.

38 Zu Erasmus von Rotterdam (ca. 1467–1536): W. Ribhegge: Erasmus von Rotterdam, Darmstadt 2009. – Erasmus hatte 1516 in Basel das *Novum instrumentum* (= *testamentum*) veröffentlicht.

39 Für diesen Zeitraum sind drei Chirurgen erwähnt: R. Tientsch: Das älteste Bürgerbuch der Stadt Otterndorf (1587–1773), Otterndorf 1964: Marx Knoep (1682–1727), Nr. 1804, S. 170. – Hans Jürgen Richter, Pestarzt, der 1713 Anna Catrin Witer heiratet, die 1724 als Witwe bezeichnet wird, Nr. 1858, S. 179 f. – Und: Christian Kleimann (getauft 1675, †vor dem 1. Mai 1723), Nr. 1696, S. 151.

[24.] Dort lobte er, dass die Glückseligkeit der lutherischen Religion darin bestehe, dass sie das echte Wort Gottes habe, worum sich die Vorfahren seines Volkes so gekümmert hätten, um dessen Verbesserung, Glättung und Vollendung man sich mit höchster Sorgfalt und Fleiß bis zum heutigen Tage in Hamburg mühe. Da lächelte [fol. 270v] der Missionar und griff es auf: „Wenn das Wort Gottes bis heute verbessert, geglättet und vollendet wird, haben eure Voreltern das Wort Gottes unvollendet, verdorben, verbesserungswürdig und der Gättung bedürftig gehabt. Unglückselig ist dann wohl das ältere Luthertum, da es des wahren Wortes Gottes entbehrte. Und welche kluge Sicherheit bezüglich des echten Wortes Gottes, fuhr der Missionar fort, können die Lutheraner haben? Luthers Übersetzung umarmen sie mit beiden Armen; aber er verdammte selbst seine erste Übersetzung, der zweiten widersprach Osiander[34], widersprach Bucer[35]; eine unterschiedliche Übersetzung brachte Oecolampadius[36] heraus, eine unterschiedliche, Müntzer[37] und eine unterschiedliche Erasmus[38]. Jeder von diesen behauptet laut, die seine entspreche den Quellen, die andere nicht. Bei solch großem Zwiespalt selbst unter Lutheranern, welche Sicherheit, ich bitte dich, wird dann das Luthertum haben? Wieviel klüger gehen die Katholiken vor! Sie haben die Bibelübersetzung des heiligen Hieronymus. Die Heiligkeit dieses Mannes erlaubt nicht, dass er aus Bosheit, dass er auch nicht bei seiner einzigartigen Kenntnis der orientalischen Sprachen aus Unkenntnis vom Sinn der Quellen abweichen könnte. Außerdem war diese Bibel hunderte Jahre vor Luther in allgemeinem Gebrauch, ist von den ökumenischen Konzilien durch das Zusammenkommen so vieler hunderte gelehrter Väter überprüft, diskutiert, gebilligt und für echt anerkannt worden; und wir haben bereits sie als Grundlage, können sie für das legitime Wort Gottes anerkennen."

[25.] Er stimmte zu, und als ein lutherischer Arzt[39], der auch anwesend war, noch etwas für die lutherische Schrift vorbrachte, verteidigte jener mit dem Missionar die Meinung des Missionars gegen den lutherischen Arzt. Es schmerzt uns, dass uns jener Herr durch einen allzu frühen Tod entrissen worden ist.

[26.] *Numerus catholicorum per confluentes huc extraneos mercatores ita auctus est, ut vulgaribus dominicis non capiant amplius sacelli angustiae confluentem populum. Quatuor etiam iuvenes quindecim circiter annorum nullius hucusque religionis ad nostra sacra accesserunt suntque bono aliis exemplo. Rumpuntur quidem invidia praedicantes, sed id flocci facit missionarius, qui ordinarie, dum procedit intrepide, perrumpit et triumphat non tamen; fidit divino auxilio prorsus singulari, alias necessario succumbendum fuisset plurimis taediis, persecutionibus et laboribus.*

[27.] *Ut enim taceam alia, singulis diebus dominicis et festis duae habentur ad populum dictiones, una post primum sacrum, quae totius est evangelii, quo ad singulos textus, expositio, altera post sacrum solemne est ex ambone peroratio. Post prandium habetur catechismus et publicae preces diebus singulis ferialibus post missae sacrificium, deinde preces et parva quotiana iuventutis in rebus fidei instructio, expositis simul iis scripturae textibus, in quibus Lutherani ordinarie ante victoriam volunt triumphare. Pro sodalitate autem agoniae habetur post prandium tertia dictio. Ad quas dictiones cum aliquando accedant funebres et nuptiales, contingit aliquoties, ut intra dies duos quinquies et inter octiduum octies fuerit ad populum dicendum, idque in summa librorum omnium penuria, at tunc aliquoties, dum pridie missionarius a Dano milite bene lassus rediret.*

[28.] *Stupet saepe Lutherana civitas missionarii labores, et dum videt omnia pastoralia omnino gratis catholicae communitati exhiberi, indignatur suorum praedicantium cupiditati, ut qui ne pedem movent, nisi oblata* [fol. 271r] *praevie pecunia. Tot inter labores*[40] *et innumera taedia ne umbram quidem recreationis habet in his suis Indiis*[41] *missionarius, immo ne necessarium quidem tenet panem. Est quidem missionarii stipendium nunc demum auctum, postquam hic annum integrum et medium vixisset octoginta modo annuis imperialibus donatus, et interea temporis peste infectis duplici tempestate, cum centenis capitis periculis inservivisset.*

---

40 Vgl. Vergil, Aeneis, I, 10, *recognovit* R. A. B. Mynors, Oxford 1990, S. 103: *tot adire labores*. – Soviel Mühsal zu ertragen", W. Plankl: Aeneis, Epos in zwölf Gesängen, Stuttgart 1989, S. 3. – Diese Phrase wurde den Jesuiten zum Topos.

41 Pater Schreiber wollte ursprünglich sich auch für einen Missionsposten in Indien (Ostasien oder America) bewerben – nun sieht er seine Aufgabe darin, die Akkulturation im nördlichen Niedersachsen gewinnbringend anzuwenden.

[26.] Dadurch, dass hier auswärtige Kaufleute zusammenströmen, vergrößerte sich die Zahl der Katholiken so sehr, dass an gewöhnlichen Sonntagen die Enge unserer Kapelle das zusammenströmende Volk nicht mehr fassen konnte. Auch vier junge Leute von etwa fünfzehn Jahren, die bisher keiner Religion angehörten, kamen zu unseren Gottesdiensten und sind für andere ein gutes Vorbild. Die Prediger platzen zwar vor Neid, aber der Missionar pfeift darauf, der in der Regel gute Fortschritte macht, wenn er ohne Angst vorangeht, und triumphiert doch nicht; er vertraut der einzigartigen göttlichen Hilfe, sonst wäre er notwendigerweise unter dem vielen Eckligen, den Verfolgungen und Mühen zusammengebrochen.

[27.] Um nämlich über anderes zu schweigen, an jedem Sonn- und Festtag werden zwei Ansprachen vor dem Volk gehalten, eine nach dem ersten Gottesdienst, die eine Auslegung des ganzen Evangeliums nach den einzelnen Texten ist, die zweite nach dem Hochamt ist eine Predigt von der Kanzel. Nach der Frohkost gibt es die Katechese und öffentliche Gebete an den einzelnen Werktagen nach dem Messopfer, darauf Gebete und eine kurze tägliche Unterrichtung der Jugend in Glaubensdingen, wobei zugleich diejenigen Texte der Schrift ausgelegt werden, in denen in der Regel die Lutheraner vor dem Sieg triumphieren wollen. Für die Todesangst-Bruderschaft gibt es aber nach der Frühkost eine dritte Ansprache. Da zu diesen Ansprachen bisweilen noch solche bei Beerdigungen und Hochzeiten hinzukommen, passiert es manchmal, dass innerhalb von zwei Tagen fünfmal und in acht Tagen achtmal vor dem Volk gepredigt werden muss, und das beim gänzlichen Fehlen aller Bücher zu einer angemessenen Vorbereitung, aber auch manchmal, wenn der Missionar ganz erschöpft vom Vortage von den dänischen Soldaten zurückkommt.

[28.] Oft staunt die lutherische Stadt über die Arbeit des Missionars, und da sie sieht, dass jeglicher Hirtendienst der katholischen Gemeinde völlig gratis geleistet wird, ist sie empört über die Gier ihrer Prediger, die ja keinen Schritt vor die Tür setzen, es sei denn, es wird ihnen vorher [fol. 271r] Geld geboten. Bei so viel Mühen[40] und unzählbarem Ekligen hat der Missionar in „seinem Indien“[41] nicht einmal einen Schatten an Erholung, ja nicht einmal hat er das nötige Brot. Jetzt endlich ist der Sold zwar erhöht worden, nachdem er ein ganzes und ein halbes Jahr nur von dem Sold von achtzig jährlichen Reichstalern hatte leben müssen, und das zweimal zu Zeiten unter von der Pest Infizierten, als er unter hundert Todesgefahren seinen Dienst verrichtet hatte.

[29.] *Verum cum missionario relictum sit onus subministrandi in templo oleum et thus et in triviali paupere schola*[42] *omnia ad discendum necessaria, ut sunt catechismi, libri precum, rosaria, imagines, charta, atramentum, calami, grammaticae, praemiola tum pro recitato catechismo, tum pro arte scriptoria similiaque plura, excursiones etiam ad Danum militem semper sint missionario sumptuosae, ne nonaginta quidem imperiales habeat in suos usus missionarius. Ex qua tenui summa adhuc diluere debet debita tempore pestis et summae suae paupertatis contracta, item pauperibus soli propemodum missionario incumbentibus frequentissime succurrere.*

[30.] *Trimestre circiter est, quando hominem pauperem et aegrotum, utpote phtisi exhaustum, e ditione Bremensi curru vectum ante missionarii hospitium deposuerunt et curandum ipsi alendumque reliquerunt, eo solum titulo, quod catholicus esset, pro quo hominum genere nihil eleemosynarum habeat Lutheranismus. Opposuit se quidem missionarius, eo quod homo esset ex alieno territorio nec ullo modo fas esset communitati nostrae admodum exiguae etiam extraneos pauperes aegrotosque imponi. Ast auriga cum tacito risu excipiens oppositionem cum suo curru maturat discessum infirmumque pauperem nobis reliquit; debuitque missionarius multum suis sumptibus infirmo domum, lectum, vestimenta, panem aliaque in hunc usque diem procurare.*

[31.] *Vix haec contigerant, cum alius caupo Lutheranus curat missionario dici esse in sua domu pauperem catholicum et infirmum, an pro illo mortuo velit sarcophagum aliaque ad sepulturam necessaria solvere. Quod si renueret, non passurum se hominem sub suo tecto. Negavit quidem missionarius se hoc facturum; fecitque divina gratia, ut brevi homo convalesceret. Quod si tamen obiisset, de sumptibus sepulturae missionarius providere debuisset. Unde habet missionarius Otterendorpii praeclaras Indias, ultro marinis si non maiores, certe omnino pares.*

[32.] *In his miseriis succurrerunt missionario eius germani fratres sororque*[43] *et reverendissimus dominus Heerde, Hildesii ad sanctam crucem*

---

42 Der Jesuitenmissionar unterhielt auch eine Elementarschule in Otterndorf.

43 Pater Johannes Heinrich Schreiber SJ (*1668, getauft am 19. Februar 1668 in Sankt Lamberti, Bistumsarchiv Münster: Kirchenbuch [KB] 1, Bl. 394): http://data.matricula-online.eu /de/deutschland/muenster/muenster-st-lamberti/KB001/?pg=200 (Zugriff am 13. Dezember 2019) war der älteste Sohn des münsterischen Juristen Dr. Arnold Heinrich Schreiber (†17. August 1694), zuletzt Kanzleidirektor des Fürstbistums Münster (1688–1694; diese biographischen Angaben nach W. Kohl: Das Bistum Münster, Berlin, New York 2004, S. 183), und der Anna Elisabeth Boichorst. Der zweite Sohn war Albert Wilhelm (*1673; getauft am 30. März 1673 in der Liebfrauenkirche Überwasser: KB 1, Bl. 182a, Nr. 28/1673: http://data.matricula-online.eu/de/deutschland/ muenster/ muenster-liebfrauen/KB001/?pg=185 (Zugriff am 13. Dezember 2019); der dritte Sohn war Wilhelm Mauritius (*1675, getauft in der Liebfrauenkirche am 21. September 1675: KB 1, Bl. 187a, Nr. 82/1675: http://data.matricula-online.eu /de/deutschland /muenster/muenster-liebfrauen/

[29.] Da aber die Last auf dem Missionar ruht, in der Kirche Öl und Weihrauch bereit zu stellen, in der Armenschule[42] alles zum Lernen Nötige, wie Katechismen, Gebetbücher, Rosenkränze, Bildchen, Papier, Tinte, Federn, Fibeln, Belohnungen teils für das Aufsagen des Katechismus, teils für die Schreibfertigkeit und vieles Ähnliches, auch die Reisen zu den dänischen Soldaten für den Missionar immer kostspielig sind, hat er wohl nicht einmal neunzig Reichstaler zu seiner Verfügung. Von dieser schmalen Summe muss er noch Schulden zurückzahlen, die er zur Zeit der Pest und seiner tiefen Armut aufnehmen musste, ebenso häufig Arme unterstützen, die fast nur dem Missionar auf der Tasche liegen.

[30.] Vor etwa drei Monaten war es, als man einen armen, von der Schwindsucht erschöpften kranken Menschen aus der Bremer Herrschaft mit dem Wagen brachte, vor der Unterkunft des Missionars ablud und ihm zur Pflege und Ernährung überließ, allein mit der Begründung, dass er ein Katholik sei, für welche Menschen das Luthertum keine Almosen habe. Der Missionar widersetzte sich zwar, weil es ein Mensch aus fremden Gebiet sei und es überhaupt kein Recht darauf gebe, unserer ganz kleinen Gemeinde sogar auswärtige Arme und Kranke aufzuerlegen. Der Kutscher jedoch nahm den Widerspruch mit verschwiegenem Lachen hin, fuhr schleunigst mit seinem Wagen davon und hinterließ uns den kranken Armen. Der Missionar musste auf seine Kosten dem Kranken Haus, Bett, Kleidung, Brot und sonstiges bis zum heutigen Tage zur Verfügung stellen.

[31.] Kaum war das geschehen, als ein anderer, ein lutherischer Kaufmann, dem Missionar sagen ließ, in seinem Haus gebe es einen armen und kranken Katholiken, ob er für jenen beim Tode den Sarg und andere Beerdigungskosten zahle; wenn er sich weigere, werde er den Menschen nicht weiter unter seinem Dach dulden. Der Missionar weigerte sich zwar; und die göttliche Gnade bewirkte, dass der Kranke in Kürze wieder gesund wurde. Wenn er gestorben wäre, hätte der Missionar für die Beerdigungskosten sorgen müssen. So hat der Missionar in Otterndorf „seine herrlichen Indischen Lande“, wenn schon nicht ein größeres Indien als das jenseits des Meeres, so doch ein sicherlich ebenbürtiges.

KB001/?pg=190 (Zugriff am 13. Dezember 2019); die Töchter waren Maria Clara (*1678; getauft in der Liebfrauenkirche/Überwasser am 20. August 1678: (KB 1, Bl. 194, Nr. 61/1678): http://data.matricula-online.eu/de/deutschland/muenster/muenster-liebfrauen /KB001/?pg=196; Zugriff am 13. Dezember 2019) und Maria Clara (*1680; getauft in der Liebfrauenkirche am 16. April 1680: (KB 1, Bl. 197a, Nr. 45/1680): http://data.matricula-online.eu/de/deutschland/muenster/muenster-liebfrauen/KB001 /?pg=200 (Zugriff am 13. Dezember 2019). – Ob die beiden Töchter wirklich denselben Namen trugen oder ob die erste Tochter schon früh verstorben ist und die zweite daher denselben Namen erhielt, geht aus den Kirchenbüchern nicht hervor. Für die Durchsicht der Sippenkartei und die Übermittlung der Links danke ich herzlich der Bistumsarchivarin Frau Barbara Steinberg.

decanus[44], *qui praeclara liberalitate inopiam sublevaverunt. Qui si id non fecissent, prae inopia fugiendum fuisset. Ad templi etiam supellectilem accessit pretiosum superpelliceum et crux aerea deargentata, primum dono sponsi Friderichstadiensis hic cum sponsa*[45] *Otterendorpiensi matrimonio iuncti, alterum liberalitate extraneorum mercatorum, qui illam Domini iconem e manibus haereticorum Stadae oblato pretio redemerant.*

[33.] *Velit omnibus clementissimus Deus esse merces magna nimis!*

4. 3. ANNUAE MISSIONIS OTTERENDORPIENSIS 1715

[1.][K. T., Bestand Jesuiten 223, A 646/2, fol. 316r] *Magnis passibus procedit Otterendorpii res catholica. Sacellum impar est capiendo affluenti populo. Sodalitas agoniae*[46] *a pluribus nostris catholicis praeclara cum devotione frequentatur.*

[2.] *Sacramenta communionis et extremae unctionis*[47] *administrat missionarius*[48] *tum Otterendorpii, tum in vicino solo* [fol. 316v] *Bremensi absque ulla contradictione, sacramenta baptismi et matrimonii liberrime contulit iis, qui aut urbani sunt aut ad militiam nostram pertinent, nondum tamen iis, qui hic civilis fuerint conditionis. Pro qua tamen facultate impetranda anno proximo Caesarea speraturque optatus successus.*

[3.] *Duae familiae catholicae a licito orthodoxae religionis hujate exercitio hic loci consederunt. Catholicus etiam mercator nunc civitate ornatus est, nullo quicquam obmovente, cum olim catholici a iure civitatis tribuliumque omnino arceantur nec quicquam magis haberent invisum quam nomen catholicum; estque communis hujatium Lutheranorum opinio religionem illam, quae hic loci a catholicis exerceatur, esse plane aliam ab illa, quae aliis in locis papisticis colebatur; quod si catholicismus Otterendorpiensis cum catholicismo locorum aliorum eiusdem esset generis, sibi*

---

44 Zu Johannes Heerde, Dekan des Kollegiatsstifts Heilig-Kreuz in Hildesheim, siehe oben Anm. 12, S. 46.

45 Die Braut aus Otterndorf und der Bräutigam aus Friedrichstadt sind leider nicht im Hochzeitenbuch der katholischen Gemeinde in Friedrichstadt verzeichnet.

46 Zu den Bruderschaften der Jesuiten siehe Vorwort und siehe oben Anm. 5.

47 Zum Sakrament der Eucharistie siehe: C.-P. März: *s. v.* Eucharistie, I, Neutestamentlich, in: LThK, 3, Freiburg [3.]1995, Sp. 994 f. – B. J. Hilberath: *s. v.* Eucharistie II, Historisch-theologisch und III, Systematisch-theologisch, ebd.., Sp. 946–951. – H.- B. Meyer: *s. v.* Eucharistie, VIII, Liturgiewissenschaftlich, ebd., Sp. 957–963, insbesondere d) Neuzeit, Sp. 961–963. – A. Hammon: *s. v.* Eucharistie, in: DSp., 4, c. 1553. – Zum Sakrament der Krankensalbung (Letzten Ölung) siehe: P.-G. Müller: *s. v.* Krankensalbung, I, Biblisch-theologisch, in: LTHK, 6, Freiburg [3.]1997, Sp. 418 f.; G. Greshake: Krankensalbung, II., Historisch-theologisch, und III., Systematisch-theologisch, ebd., Sp. 419–423; H. Wagner: *s. v.* Krankensalbung, IV., Ökumenisch, ebd., Sp. 423; L. Gerosa: *s. v.* Krankensalbung, V., kirchenrechtlich, ebd., Sp. 423 f.; A. Heinz: Krankensalbung, VI., Praktisch-theologisch, ebd., Sp. 424 f. – H. Rondet: extrême-onction, in: DSp, t. 4, c. 2189.

48 1715 war in Otterndorf Pater Heinrich Schreiber SJ. – Zu ihm siehe oben Anm. 3.

[32.] In dieser Notlage kamen dem Missionar seine leiblichen Brüder und die Schwester[43] zu Hilfe und der ehrwürdige Herr Heerde, der Dekan zum heiligen Kreuz in Hildesheim[44], die mit herrlicher Freigebigkeit seinem Mangel abhalfen. Wenn sie das nicht getan hätten, hätte er wegen des Mangels den Platz verlassen müssen. Zur Ausstattung der Kirche kam ein kostbarer Chormantel hinzu und ein versilbertes Bronzekreuz; das erste ein Geschenk eines Bräutigams aus Friedrichstadt, der hier mit seiner Braut aus Otterndorf[45] ehelich verbunden wurde, das andere durch die Freigebigkeit auswärtiger Kaufleute, die jenes Bildnis des Herrn aus den Händen von Häretikern in Stade für einen angebotenen Preis aufkauften.

[33.] Möge der gnädige Gott allen der überaus große Lohn sein!

4. 3. DER JAHRESBERICHT DER MISSION OTTERNDORF 1715

[1.][K. T., Bestand Jesuiten 223, A 646/2, fol. 316r] In großen Schritten geht die katholische Sache in Otterndorf voran. Die Kapelle reicht nicht aus, das herbeiströmende Volk zu fassen. Die Todesangst-Bruderschaft[46] wird von der Mehrheit unserer Katholiken gelobt und mit Andacht besucht.

[2.] Die Sakramente der Kommunion und der Krankensalbung (Letzten Ölung)[47] spendet der Missionar[48] sowohl in Otterndorf wie auf benachbarten [fol. 316v] Bremer Boden ohne Widerspruch, die Sakramente der Taufe und der Ehe erteilte er sehr frei denen, die entweder in der Stadt wohnen oder zu unseren Soldaten gehören, doch noch nicht denen, die hier von bürgerlichem Stand sind. Doch für den Erhalt des entsprechenden Privilegs von Seiten des Kaisers besteht die erwünschte Hoffnung im nächsten Jahr.

[3.] Zwei katholische Familien ließen sich auf Grund der hier erlaubten Ausübung der rechtgläubigen Religion hierorts nieder. Auch einem katholischen Kaufmann wurde jetzt das Bürgerrecht erteilt, ohne jeden Widerstand, während einst Katholiken vom Bürgerrecht und dem der Zünfte völlig ausgeschlossen waren und bei ihnen nichts verhasster war als der Name Katholik. Allgemeine Meinung bei den hiesigen Lutheranern ist, dass jene Religion, die hier von den Katholiken ausgeübt wird, eine völlig andere ist als jene, die an anderen papistischen Orten gepflegt wird; wenn aber der katholische Glaube von Otterndorf von derselben Art wäre wie der katholische Glaube an anderen Orten, würde es für sie nicht so schwierig sein, sich als Katholik zu bekennen. Bis jetzt konnten sie nicht davon überzeugt werden, dass die katholische Konfession auf dem ganzen Erdkreis völlig dieselbe und gleiche ist und es keinen Unterschied zu unseren Gottesdiensten gibt, sondern sie sind völlig davon überzeugt, dass es in anderen Gegenden absonderliche Ausformungen von unseren Gottesdiensten gibt.

non fore tam difficile catholicum se profiteri. Interim persuaderi non possunt toto orbi eandem omnino et invariatam esse catholicam religionem nec quicquam a nostris sacris dissidere, sed omnino persuasa habent mirabilia de nostris aliarum provinciarum sacris figmenta.

[4.] *Quinque abiectis haereseos erroribus catholicae religionis veritatem amplexi sunt. Hos inter puella Calvinistica satis mirabiliter a Deo vocata. Informabat hanc rebus fidei missionarius, cum accurrit eius frater id propositi genus acriter dissuasurus, adhibetque hunc mirabilem arietem: Missionarium scilicet bibere quotidie humanum sanguinem alereque illum in finem domi suae infantem, e cuius venis cruorem quotidie eliceret; nihil fore inconsultius quam ad illam transire religionem, cuius sacerdotes adeo essent sanguinarii.*

[5.] *Vix ille hoc ariete impetum fecerat, cum alia mulier hic loci in authoritate posita puellam cum fervore aggreditur referens tam insulsum hominum genus esse catholicos, ut vel ipsa Dei dona reiciant (intellegebat carnes, a quibus catholica pietas diebus esurialibus abstinet); quid istic posset esse boni, ubi ne tanta quidem inveniantur ipsa liberalitatis divinae munera.*

[6.] *Lepidissimum interea figmentum promit tertius: scilicet in locis omnibus plene catholicis singulis annis circa Quadragesimam e funibus suspendi nudum infantem, qui tam diu acerrimis flagris caederetur, donec animam e centum vulneribus dimitteret; cuius tragoediae fuisset ipse in Silesia praesens spectator. Ast puella explosis omnibus se catholicam profitetur et praeclaro exemplo nec ab aliis quicquam ultra habet molestiae.*

[7.] *Mirabilia commenta hujatium animis a praedicantibus sunt impressa, quae tamen paulatim excidunt, cum omnino alia experiantur, immo suus Lutheranismus incipit multum esse suspectus, cum videant aperta praedicantium in rebus fidei dissidia*[49]*. Unus enim hic publice et privatim docet mandata Dei et posse et debere servari, bona opera esse omnino ad salutem necessaria, esse penes certos homines potestatem a peccatis absolvendi. Alius e contra ex ambone impossibilitatem legis divinae servandae deblaterat, bona opera panno menstruato assimilat, cuius fructus ad salutem profecto necessaria non sint, clamatque cum Pharisaeis: Quis est hic, qui etiam peccata dimittat*[50].

49 Seit Johann Fischers (1636–1705) Wirken als Pastoren-Kandidat in Stade in den 1660er Jahren schwelte vor Ort eine innerlutherische Auseinandersetzung um den Pietismus. Fischer sollte später im Herzogtum Pfalz-Sulzbach (1666–1673) und im Baltikum eine bedeutende Rolle als Superintendent und Leiter des evgl. Kirchenwesens spielen. – J. Wallmann: Pietismus und Orthodoxie, Ges. Aufsätze III, Tübingen 2012, S. 264–276.

50 Lk 7, 49, *Biblia sacra iuxta vulgatam versionem, rec.* R. Weber, S. 1621: *quis est hic, qui etiam peccata dimittit.* – „Wer ist das, dass er sogar Sünden vergibt“? Neue Jerusalemer Bibel, S. 1473. – Zur Diskussion siehe oben, S. 54, den Jahresbericht zu 1714 [10.] ff.

[4.] Fünf verwarfen die Irrlehren der Häresie und ergriffen die Wahrheit der katholischen Religion. Unter diesen wurde ein calvinistisches Mädchen auf ganz wunderbare Weise von Gott gerufen. Der Missionar unterrichtete sie in den Glaubensdingen, als ihr Bruder herbeieilte, um ihr von diesem Vorhaben heftig abzuraten. Er verwendete folgende absonderliche Behauptung: Der Missionar trinke täglich Menschenblut und halte sich zu diesem Zweck in seinem Haus ein kleines Kind, aus dessen Adern er täglich Blut zapfe; nichts sei unvernünftiger als zu einer Religion überzutreten, deren Priester solche Blutsäufer seien.

[5.] Kaum war er mit dieser Behauptung auf sie losgegangen, als eine andere Frau, die hier in Ansehen steht, leidenschaftlich das Mädchen bedrängte und behauptete, die Katholiken seien ein solch hirnloser Menschenschlag, dass sie sogar die Gaben Gottes verschmähten (sie meinte Fleisch, dessen sich die katholische Frömmigkeit an Abstinenztagen enthält); was könne es dort Gutes geben, wo man nicht einmal an den so großen Gaben der göttlichen Freigebigkeit etwas fände.

[6.] Eine läppische Lüge brachte ein anderer vor: An allen ganz katholischen Orten werde jedes Jahr in der Fastenzeit ein nacktes Kleinkind an Stricken aufgehängt, das so lange mit scharfen Geißeln geschlagen werde, bis es infolge der hundert Wunden sein Leben lassen müsse; er sei persönlich in Schlesien Augenzeuge dieser Tragödie gewesen. Das Mädchen aber missachtete alles und bekannte sich als Katholikin, und durch ihr herrliches Vorbild hatte es weiterhin keine Belästigung von anderer Seite.

[7.] Wunderliche Hirngespinste wurden den Hiesigen von den Predigern aufgeschwatzt, die aber allmählich ihre Kraft verlieren, da sie etwas ganz Anderes erleben; ja ihr Luthertum beginnt mächtig Argwohn hervorzurufen, da sie den offenen Streit der Prediger in Glaubenssachen sehen[49]. Denn einer lehrt hier öffentlich und privat, Gottes Gebote seien nicht zu halten, gute Werke seien für das Heil ganz notwendig, gewissen Menschen sei die Macht verliehen, von Sünden loszusprechen. Im Gegensatz hierzu faselte ein anderer von der Unmöglichkeit, das göttliche Gesetz einzuhalten, die guten Werke verglich er mit einer Damenbinde, deren Frucht natürlich zum Heil nicht notwendig seien, und behauptet mit den Pharisäern: W e r i s t d a s, d a s s e r s o g a r S ü n d e n v e r g i b t“[50]?

[8.] Diese Uneinigkeit in Glaubenssachen und die Lust, Geld anzusammeln, sind groß unter den Predigern, größer noch die Fürsorge für ihre Familie, ihre Frau und die Kinder, groß die Unlust, Sterbenden beizustehen, wie sie zur Zeit der Pest weder die Kranken eines Besuches, jetzt bei gesunder Witterung die Sterbenden erst dann der Sakramente oder eines Besuches für wert halten, wenn vorher Geld geboten worden ist.

[8.] *Quae in rebus fidei dissensio et magna in praedicantibus pecuniam conservandi libido, maior pro sua familia, uxore et liberis quam pro Dei templo solicitudo, grandis praeterea moribundis assistendi difficultas, utqui tempore pestis ne accessu [quidem] aegrotos, nunc sano aere nec sacramentis nec visitatione, nisi pecunia praevie exhibita, moribundos dignantur.*

[9.] *Similiaque alia faciunt sane, ut vacillet Lutheranismus, praesertim cum videant* [fol. 317r] *missionarium quotidie per ventos, pluvias et nives spatio bene magno accurrere ad celebranda divina, diu noctuque assistere moribundis, per medias tempestates ad forenses aegrotos suis etiam sumptibus advolare, de proprio stipendio inopes eleemosynis solari, sacramenta omnino gratis administrare, funebres et nuptiales conciones absque omni pretio cuivis impendere, plus laborare quam faciat tota praedicantium urbicorum trias.*

[10.] *Interim nutantem Lutheranismum fulciunt perpensa religionis suae facilitate, dum unicum credere in Christum Redemptorem totum est, quod sectae suae legislator*[51] *pro caelo obtinendo requirit. Miseros iuvent superi, qui quantopere et prope prodigiose in tot periculis, persecutionibus, taediis, laboribus missionario favent! Maius est, quam ut calamo ullo pro rei merito conscribi possit.*

[11.] *Non fuerit tamen abs re aliqua divinae clementiae argumenta paucis delibare. Inciderat in febrim missionarius idque eo tempore, quo Paschales labores missionarium firmum vegetumque, si umquam alias, postulabant. Desiderabat ergo Hamburgo sacerdotem*[52]*, qui pro solemnitate Paschali suppleret, moribundum etiam missionarium, si res postularet, sacramentis extremis muniret. Ast impetrare non poterat, qui vel morienti assisteret. Uni ergo Deo res omnis commendanda erat, qui febrim prima vice pridie Paschatis*[53] *sustulit, id autem exhausto reddidit virium, ut omnes labores Paschales oppido graves sine difficultate perageret.*

[12.] *Plures hujatium Lutheranorum iam in sinu gaudebant, quod crederent illum demum febri tollendum, quem in annum iam tertium ringente Lutheranismo sustinerent, certi, ne umbram ultra catholici sacerdotis in solum Hadelense ingressurum, dummodo hic primum e vivis et agris Hadelensibus excessisset. Verum vota illa conciderunt, quando missionarium iterum omnino firmum per urbem et agros discurrere viderunt.*

---

51 Gemeint ist hier mit *legislator* (Gesetzgeber) Martin Luther.

52 Das Osterfest fiel 1715 auf den 21. April. – In Hamburg hielten sich in diesem Jahr folgende Missionare auf: In der Residenz des französischen Residenten Pater Jean Pennay SJ und in der Residenz des kaiserlich-österreichischen Residenten Joseph Cortey SJ; in der Altonaer Mission waren Pater Jean Hannotte SJ, Pater Petrus Helffen SJ, Pater Bernhard Salice SJ und Pater Bernhard Droste SJ. – Die Angaben nach: C. Flucke: *Die litterae annuae* ... aus Altona und Hamburg, 2, Münster 2015, S. 796, Anm. 1 und 3. – Die Reise nach Hadeln ist dort zunächst ganz global bezeugt, nicht aber, wer sie hätte unternehmen sollen.

53 Der Karsamstag war also der 20. April 1715.

[9.] Weiteres Ähnliches bewirkt, dass das Luthertum wankt, besonders da sie sehen [fol. 317r], dass der Missionar bei Sturm, Regen und Schnee über eine wahrlich weite Entfernung zur Gottesdienstfeier herbeieilt, Tag und Nacht den Sterbenden beisteht, mitten durch schlechtes Wetter zu auswärtigen Kranken sogar auf eigene Kosten eilt, von eigenem Gehalt die Bedürftigen mit Almosen tröstet, die Sakramente ganz umsonst spendet, jedem ohne Entgelt Leichen- und Hochzeitspredigten widmet, sich mehr abmüht, als es alle drei städtischen Prediger tun.

[10.] Inzwischen stützen sie das wankende Luthertum, indem sie die Leichtigkeit ihrer Religion auf die Waagschale legen, wenn einzig an den Erlöser Christus zu glauben alles ist, was der Gesetzgeber ihrer Sekte[51] zur Erlangung des Himmels für erforderlich hält. Möchten den Elenden die Himmlischen helfen, die dem Missionar so sehr und beinahe wie in einem Wunder bei so vielen Gefahren, Verfolgungen, Ekligem und Mühen günstig gesonnen sind! Es ist größer, als dass es mit irgendeiner Feder nach Verdienst niedergeschrieben werden könnte.

[11.] Doch ist es wohl nicht ohne Wert, Beweise für die göttliche Güte vorzulegen. Der Missionar war in ein Fieber gefallen, und das zu einer Zeit, als die österlichen Tätigkeiten, wenn jemals sonst, einen starken und rüstigen Missionar erforderten. Er bat also um einen Priester aus Hamburg[52], der ihn bei den Osterfeierlichkeiten vertreten, auch den Missionar beim Sterben, wenn sein Zustand es erfordere, mit den Sterbesakramenten versehen sollte. Er konnte aber keinen bekommen, der ihm besonders beim Sterben hätte beistehen können. Man musste also alles Gott anheimstellen, der das Fieber zum ersten Mal am Tag vor Ostern[53] zurückgehen ließ, dem Erschöpften so viel Kraft gab, dass er alle Ostertätigkeiten, die ja sehr belastend sind, ohne Schwierigkeit erledigen konnte.

[12.] Die Mehrheit der hiesigen Lutheraner freute sich schon insgeheim, weil sie glaubten, dass er, den sie schon das dritte Jahr zum Schaden des Luthertums ertragen mussten, endlich durch das Fieber aus dem Weg geräumt werde; sie waren sich ja sicher, dass nicht einmal der Schatten eines katholischen Priesters anschließend auf den Boden Hadelns fallen würde, wenn nur dieser einmal aus dem Leben und dem Land Hadeln verschwunden wäre. Aber jene Wünsche kamen zu Fall, als sie den Missionar wiederum ganz gesund durch Stadt und Land laufen sahen.

[13.] *Placuit ergo nostris hostibus via alia tentare missionarii ex hac patria dimissionem. Ducalium redituum administrator*[54] *permovet huius ditionis ordines (schultetos*[55] *vocant, sunt autem illi homines illiterati agrestes, ad stivam a iuventute enutriti, penes quos tamen hic loci rei summa est), ut libello supplici (conceperat illum administrator redituum) eminentissimo de Schönborn, Caesareo huius ditionis commissario*[56]*, officiose porrecto missionarium dimitti humillime flagitent.*

[14.] *Summa supplicae haec erat: fuisse a Julio Francisco, Saxo-Lauenburgi serenissimo duce, Hadelensi principe*[57]*, id privilegii Hadelensibus gratiose indultum, ut numquam hic loci stabilis sit sacerdos catholicus*[58]*, cui privilegio omnino contrarietur missionarii statio in annum iam tertium producta; haberi per hunc hominem vel quotidie publicum religionis papisticae exercitium; crescere catholicum populum maiore numero, quam ut aequis oculis Lutheranismus spectare possit; confluerunt frequentes extraneos mercatores, Danum etiam militem ad sacra catholica; et iam angustius esse, quam ut capiat affluxum populi, novam templi fabricam iam* [fol. 317v] *in animo esse missionarii, qui etiam vulgatis fidei controversiis discordiarum fomitem subministrare audeat; ad quae omnia accedat stipendium ex ipsis ducalibus reditibus missionario persolutum; humillima esse ordinum vota hoc homine patriam liberari.*

[15.] *Eminentissimus rei iniquitati vehementer indignatus acerrimo fusoque scripto refudit, quidquid erat querelarum. Non fuerit iniucundum eminentissimi responsa in synopsia contracta hic breviter apponere. Scribebat ergo monere se paterno animo:*

---

54 Der Otterndorfer Gastwirt Jürgen Schmi(d)t (†1716) war offenbar Steuereinnehmer in Hadeln (1678–1716): R. Tiensch, Ältestes Bürgerbuch Otterndorfs, Nr. 1295, S. 94 f.

55 Zur Verfassung des Landes Hadeln: H. G. L. Beckmann, Darstellung der Verfassung des Landes Hadeln, Hannover 1847; zu den Schultheißen (Schulten), S. 10–15.

56 Damian Hugo Graf von Schönborn war Sequestrationskommissar – s. o. Anm. 9.

57 Julius Franz (1641–1689), der letzte Herzog von Sachsen-Lauenburg (1666–1689), war Katholik. – Zu ihm: O. v. Heinemann: *s. v.* Julius Heinrich, in: ADB, 14, 1881, S. 670. – Jörg Hillmann: Das Herzogtum Sachsen-Lauenburg von 1500-1689, in: E. Opitz: Herzogtum Lauenburg, Neumünster 2003, S. 224–227.

58 Schon Herzog Julius Heinrich hatte 1654 April 16 als kath. Landesherr den Ständen in einer Wahlkapitulation zugesichert, alle bisherigen Privilegien, geistliche wie weltliche, seien bestätigt. Ihre lutherische Religion solle ihnen nicht genommen werden. Und ebenso sollten keine anderen Visitatoren und Prediger im Lande geduldet werden als diese Lutherischen. Käme der Herzog ins Land, dürfe er für sich katholischen Gottesdienst halten lassen. – E. Rüther, Hadler Chronik, Nr. 895, S. 321. – Dieses Privileg hatte Herzog Julius Franz 1666, Oktober 30, bestätigt; ebd. Nr. 928, S. 334.

[13.] Unsere Feinde beschlossen also, einen anderen Weg einzuschlagen, um den Missionar loszuwerden. Der Einnehmer der herzoglichen Steuern[54] veranlasste die Stände dieser Herrschaft (Schulzen[55] nennt man sie, es sind aber ungebildete Landbewohner, von Jugend an für den Pflug aufgezogen, bei denen trotzdem hier die oberste Gewalt liegt), in einer amtlich eingereichten Bittschrift (der Steuereinnehmer hatte sie verfasst) den Grafen von Schönborn, den kaiserlichen Kommissar dieser Herrschaft[56], demütig um die Entfernung des Missionars zu bitten.

[14.] Folgendes war der Inhalt der Bittschrift: Von Julius Franz, dem Herzog von Sachsen-Lauenburg und Fürsten von Hadeln[57], sei den Hadelern gnädig das Privileg[58] gewährt worden, dass sich hierorts niemals ein katholischer Priester ständig aufhalten dürfe; diesem Privileg widerspreche der schon ins dritte Jahr dauernde Aufenthalt eines Missionars völlig; durch diesen Menschen werde sogar täglich öffentlich die papistische Religion ausgeübt; das katholische Volk nehme in größerer Zahl zu, als dass es das Luthertum mit gerechten Augen ansehen könne; zahlreiche auswärtige Kaufleute kämen hier zu katholischen Gottesdiensten zusammen, auch dänische Soldaten; und schon sei die Kapelle zu klein, um den Zustrom des Volkes fassen zu können, der Missionar habe schon vor, eine neue Kirche zu bauen [fol. 317v]; dieser wage auch, durch Veröffentlichung von Glaubenskontroversen Zündstoff zu legen; zu alle dem komme das dem Missionar aus den herzoglichen Einkünften gezahlte Geld; der Stände demütiger Wunsch sei, dass ihr Land von diesem Menschen befreit werde.

[15.] Voller Empörung über die ungerechte Sache wies der Graf die Klagen in einem scharfen und ausführlichen Schriftstück zurück. Es ist wohl nicht unpassend, die Antwort des Grafen hier kurz übersichtlich zusammengefasst anzufügen. Er schrieb also:

[16.] Er mahne sie väterlich, sie, die Hadelner, sollten sich davor hüten, dass etwas von dieser Bittschrift und den Klagen an den Kaiser gelange; dieser Monarch sei zwar milden Geistes, doch lange und genau merke er sich, wo seine kaiserliche Autorität verletzt werde; seine Autorität sei aber verletzt, wenn dem Kaiser nicht die Möglichkeit gestattet werde, seinen eigenen Soldaten in seinem Reich, und zwar an einem Ort, dem er die größte Wohltat erwiesen habe, einen Priester seiner Religion zu geben, welche Art Erlaubnis nicht einmal der Sultan und andere Barbaren dem katholischen Kaiser weithin verweigere;

[16.] *Sedulo caveant Hadelenses, ne quidquam ipsius supplicae et querelarum ad Augustissimum imperatorem perveniat; clementissimi quidem ingenii esse monarcham istum diu, tamen et vehementer sentire, ubi sua Caesarea pungatur auctoritas; pungi autem hic suam auctoritatem, dum imperatori non permittitur facultas proprio suo militi in ipso suo imperio, et eo quidem in loco, in quo beneficii plurimum contulisset, suae religionis sacerdotem adiungendi, quod facultatis genus ne ipse quidem sultanus aliaque barbaries catholico Caesari vel a longe negaret;*

[17.] *non haberi publicum Otterendorpii catholicae religionis exercitum; sonantibus enim campanis et organis primo publicum declarari, quorum tamen utroque careret catholicum sacellum; populo catholico affuturum esse e re et lucro urbis; templum autem novum supra omnem missionarii facultatem esse, ad quem tamen scribendum foret, si forte incautius verbum hac super templari structura ipsi excidisset; stipendium e ducatibus redditibus missionario pendi, si aegrius ferant ordines, fabrorum certe adiumenta? e tributo patriae iubeantur missionarium alere ad normam aliorum Caesareorum missionariorum cum famulo et equo;*

[18.] *iubere se, ut in authorem huius supplicae inquiratur, quem pro iniquo et seditioso cerebro esset habiturus; videri in Lutherano praedicantium ministerio*[59] *esse aliquos quietis et pacis publicae minus amantes; velle se, ut haec sua responsio ordinibus patriae a iustitiae praeside*[60] *praelegatur nullo tamen exemplari relicto; neque enim passurum se quidquam replicae in hac materia.*

[19.] *Nec contentus eminentissimus sic acriter impetum hunc fregisse ipsemet citius equis Brunsvico circa Corporis Christi*[61] *ad nos advolat. Praemittit tamen hanc suam tardo dictam responsionem, quae in forma epistolae inscriptae tum praesidi iustitiae, tum reddituum administratori pridie, quam appulisset eminentissimus; advenit Neuhusii (oppidum est dioecesis Bremensis duabus horis Otterendorpio dissitum)*[62]*, ubi patriae*

---

59 Das geistliche Ministerium war das Aufsichtsgremium für die lutherischen Kirchensachen. – H. Beckmann, Verfassung des Landes Hadeln, S. 22–25. – H. Otte: Die Kirche und das Konsistorium zu Otterndorf nach der Reformation, in: A. Behne: Otterndorf, Otterndorf 2000, S. 163–181.

60 Zur administrativen Struktur der Landschaft Hadeln siehe Beckmann, ebd., S. 43–51: Das Rechtswesen lag ursprünglich auch bei den Schultheißen – Hieronymus Schliemann (†1728) war Syndicus des Landes Hadeln und Vize-Gräfe (1715–1728)– nach Hadler Chronik, S. 424, S. 452 (Tod). – U. Timm, Hadler Kirchspielsleute, S. 478. – B. Bei der Wieden: Staatliche Ämter, Gerichte und Beamte in den Provinzen Bremen und Verden 1648–1815, JMM, 85, 2006, S. 201–252, S. 217.

61 Das Fronleichnamsfest fiel 1715 auf Donnerstag, den 20. Juni.

62 In Neuhaus war das Schloss, obwohl ein repräsentativer Bau, schon weitgehend vergangen. Neuhaus blieb Verwaltungsort für die Nachbarlandschaft Kehdingen. – W. Lenz: Das Nygehus, Otterndorf 1981.

[17.] eine öffentliche Ausübung der katholischen Religion in Otterndorf gebe es nicht, denn erst durch Glockengeläut und Orgelklang werde sie als öffentlich bestimmt, doch beides habe die katholische Kapelle nicht; der katholischen Gemeinde werde er zum Nutzen der Stadt beistehen; eine neue Kirche aber gehe über jegliche Erlaubnis des Missionars hinaus, an den jedoch zu schreiben sei, wenn ihm ein unbedachteres Wort über ein solches Bauvorhaben entschlüpft sei; ein Gehalt werde dem Missionar aus den herzoglichen Einkünften gezahlt; wenn sich die Stände darüber empörten, würde ihnen befohlen, aus der Steuer des Landes den Missionar zu unterhalten nach der Regel anderer kaiserlicher Missionare mit Diener und Pferd;

[18.] er befehle, dass man nach dem Autor der Bittschrift forsche, den er für einen ungerechten und aufrührerischen Kopf halten werde; es scheine im lutherischen Ministerium der Prediger[59] einige zu geben, die Ruhe und Frieden in der Stadt weniger liebten; er wolle, dass dieses sein Antwortschreiben den Ständen des Landes vom Gerichtsvorsteher[60] verlesen werde, wobei jedoch kein Exemplar zurückgelassen werden solle; denn er werde keinen Einspruch in dieser Sache dulden.

[19.] Nicht damit zufrieden, diesen Angriff so scharf abgewehrt zu haben, eilte er persönlich zu Pferde um Fronleichnam[61] von Braunschweig aus zu uns. Doch voraus schickte er diese seine bedächtig genannte Zurückweisung. Sie war in der Form eines Einschreibens einerseits an den Gerichtsvorsteher, andererseits an den Verwalter der Einkünfte adressiert und kam am Tag, bevor der Graf eintraf, in Neuhaus an (dies ist ein Städtchen der Bremer Diözese, zwei Stunden von Otterndorf entfernt)[62]. Dort erwarteten die führenden Leute des Landes Hadeln, und unter ihnen der Verwalter der herzoglichen Einkünfte, die Ankunft des Grafen.

[20.] Der Gerichtsvorsteher zeigte und öffnete den Brief, verlas ihn in Gegenwart des Verwalters der Einkünfte (er war der Autor der Bittschrift) und in Gegenwart aller übrigen vor aller Augen als die Antwort des Grafen. Da errötete der Verwalter der Einkünfte gar sehr und erlitt nicht leichten Spott von anderer Seite. Weil die andere Seite so treffend sich über ihn lustig machte, fand er in der folgenden Nacht keinen Schlaf, sondern wälzte sich hundertmal von der einen auf die andere Seite und verbrachte die ganze Nacht schlaflos. Er beklagte sich am meisten darüber, dass sich in Gegenwart aller die Wucht des Briefes auf ihn ergießen sollte.

Hadelenses primates et hos inter redituum ducalium administrator adventantem eminentissimum praestolabantur.

[20.] *Porrectam epistolam aperit iustitiae praeses et praesente redituum administratore (author ille erat libelli supplicis), praesentibus reliquis omnibus, sub omnium aspectu publice praelegit responsa eminentissimi, ubi administrator redituum multum erubuit simul passus aliorum non leves sarcasmos. Subsequente nocte alteri acerbius iocanti et indormiens se centies in dexterum sinistrumque latus vertit totamque noctem duxit insomnem, plurimum questus, quod omnibus praesentibus epistularis vis in se debuerit effundi.*

[21.] *Adest altero die eminentissimus, qui vix arcem*[63] *ingressus omnium primo interrogat, quomodo valeat missionarius, quis sit istius supplicae author, ubi nunc sit missionarius. Intellecto authorem esse redituum administratorem, cui fidisset plurimum, non dissimulabat iram. Intellecto missionarium occupari sepultura et dictione funebri habenda homini pauperi, quem circiter ante tres anni quadrantes inopem et aegrotum* [fol. 318r] *curru vectum ante fores missionarii deposuissent eique eo solo, quod catholicus esset, sustentandum reliquissent, indignatus eminentissimus imperat, ut, si denuo similis casus contigeret, missionarius id patriae rectoribus indicaret quique tunc necessaria subministrarent, qui si id recusarent, literis id ad eminentissimum missionarius referret; non esse eius stipendium tam liberale, ut sibi quidquam inde subtrahere possit.*

[22.] *Altero ab adventu die viginti quatuor lagenis generosi vini et quatuor imperialium donario missionarium honoravit, viginti etiam quinque annuos imperiales pro meliore habitatione assignavit, quos, cum missionarius ab administratore redituum exhibita eminentissimi manu postularet, numeravit is quam promptissime; simul tamen obstupuit suam supplicam eo accidisse, ut, quem pulsum vellet, nunc novis annuis imperialibus ipsemet vel invitus iuvaret. Sic illam machinam cum missionarii emolumento clementissimus Deus difflavit. Spem ergo omnem missionarii pellendi deposuerant hujates, imo animum catholicis exhibebant multo aequiorem, familiarius etiam eo hominum genere utentes, quo, ut ut vellent, carere non possent.*

---

63 Von der Otterndorfer Burg ist heute nur das Torhaus erhalten, das eine ostpreußische Heimatstube beherbergt. – Vgl. R. Lembcke: Das Torhaus in Otterndorf. Geschichte des Baues und seiner Nutzung, in: Ders.: Otterndorf. Kleine Stadt am großen Strom, Hamburg 1978, S. 190–195.

[21.] Am nächsten Tag war der Graf zugegen; als er das Schloss[63] betrat, fragte er zu allererst, wie es dem Missionar gehe, wer der Autor dieser Bittschrift sei und wo der Missionar jetzt sei. Auf die Auskunft, dies sei der Verwalter der Einkünfte, dem er doch hätte ganz vertrauen sollen, verhehlte er nicht seinen Zorn. Man gab Auskunft, der Missionar sei mit dem Begräbnis und der Leichenrede für einen armen Mann beschäftigt, den sie etwa vor einem dreiviertel Jahr mittellos und krank [fol. 318r] von einem Wagen vor der Tür des Missionars abgeladen hätten. Ihm sei der Kranke allein deswegen zum Unterhalt überlassen worden, weil er ein Katholik sei. Da war der Graf empört und befahl, wenn erneut etwas Ähnliches vorfalle, solle der Missionar dies den Lenkern des Landes anzeigen und die sollten dann das Nötige zur Verfügung stellen; wenn sie dies verweigerten, solle der Missionar es brieflich dem Grafen berichten; sein Gehalt sei nicht so großzügig bemessen, dass er für sich daher etwas abziehen könne.

[22.] Am zweiten Tag seit seiner Ankunft ehrte er den Missionar mit 24 Flaschen von edlem Wein und einem Geschenk von vier Reichstalern, auch wies er 25 Reichstaler jährlich für eine bessere Wohnung an. Als der Missionar sie vom Verwalter der Einkünfte, da vom Grafen angewiesen, forderte, zahlte er sie ihm ganz prompt aus; doch zugleich war er wie vor den Kopf gestoßen, dass seine Bittschrift zur Folge hatte, dass er den, den er vertreiben wollte, jetzt mit mehr Reichstalern jährlich, wenn auch wider Willen, unterstützen sollte. So zerstreute der gütige Gott zum Nutzen des Missionars jenen Anschlag. Die Hiesigen hatten jede Hoffnung verloren, den Missionar vertreiben zu können, vielmehr zeigten sie sich Katholiken gegenüber viel angemessener, verhielten sich umgänglicher zu dem Menschenschlag, den sie, mochten sie es auch wollen, nicht loswerden konnten.

[23.] *Cum circa annum exeuntem Hannoveranus miles armatus Hadelenam ingressus*[64] *iacentem hujatium spem animumque rursus erigit, sunt hic loci cum Caesareis viginti quinque Sueci in praesidio. Hannoveranus*[65] *cum regi Suecico*[66] *bellum indixisset, nondum egressus ingredique Hadelensem ditionem questus suos hostes, Suecos scilicet, ibidem foveri, in quorum locum stipendiumque vellent succedere, arcem Caesareus commendans*[67]*, urbem consul occludit et fortibus excubiis munit. Hannoveranus ergo miles urbis et arcis fores tum occlusas, tum vigiliis extraordinariis munitas reperiens a vi quidem abstinet, in vicinis tamen pagis consedit.*

[24.] *Ubi tantum etiam gratior apud patriae status invenit, ut decem solidos in singula capita diebus singulis acciperet stipendii, professique sunt publice hujates Lutherani sua desideria Hannoverani potius quam Caesarei militis habendi, certam aeque ac tutam ab Hannoveranis fore patriae defensionem quam a Caesareis, Hannoveranos secum profiteri Lutheranismum, non papismum, collapsurum simul et semel, quidquid hic enatum esset catholicismi, ubi aquilam Hannoveranus caballus*[68] *propulsavisset, excitus his motibus dominus noster colonellus e Frisia huc advolat Hannoveranique molimina Viennam officiosissime renuntiat.*

[25.] *Advenit mox e Viennensi curia non leve fulmen, quod subodoratus Hannoveranus pacifice recedit Stadam evanuitque iterum hujatium spes* [fol. 318v] *male concepta, sed tamen auguriis non oppido vanis tempestatem a vicinis Hannoveranis circa proxima aestate metuimus. Non est hominum ullus, in quo hic loci quidquam praesidii ingruentibus illis procellis haberet missionarius; unus Deus tota est et fortissima sacerdotis sui tutela, cui etiam placuit per aquam benedictam esse singulari auxilio.*

---

64 Im Jahre 1715 versuchte der Kurfürst von Hannover auch mit militärischen Mitteln, sich neben dem Herzogtum Bremen-Verden auch die Landschaft Hadeln zu sichern.

65 Georg I. (1660–1727), König von England (1714–1727) war auch Kurfürst von Hannover (1698–1727). – G. Schnath: *s. v.* Georg Ludwig, in: NDB, 6, Berlin 1964, S. 210 f. – C. Schnee: Georg I. Ein Welfensohn zwischen London und Hannover, Kiel 2013.

66 Karl XII. (1682–1718) war König von Schweden und Herzog von Bremen-Verden (1697 –1718). – Zu ihm: J. –P. Findeisen:: Karl XII. von Schweden – ein König, der zum Mythos wurde, Berlin 1992. – J. Krüger: Karl XII. – Der „heroische" Militärmonarch Schwedens. In: M. Wrede (Hrsg.): Die Inszenierung der heroischen Monarchie, München 2014, S. 358–381.

67 Es ist unklar, wer 1715 der kaiserliche Standortkommandant in Otterndorf war. Im ersten Jahrzehnt des 18. Jahrhunderts (1699–1709) ist in dieser Position Friedrich Caspar von Neuhoff, genannt von Ley (ca. 1645–1725), bezeugt, welcher auch die Glückstädter Mission der Jesuiten wiederholt finanziell unterstützt hat: C. Flucke/M. Schröter, Die *litterae annuae* von Glückstadt, S. 298 Anm. 57, S. 304 Anm. 4, S. 353 Anm. 65, S. 800 f., S. 816 f. – Zu ihm: H. Düselder: *s. v.* Emden, in: W. Adam: Handbuch kultureller Zentren der frühen Neuzeit, Berlin, New York 2012, S. 503–533, S. 515. Wahrscheinlich war er noch im Amt.

68 Das „Pferd" steht hier heraldisch für die Herrschaft der Welfen, der „Adler" entsprechend der römischen Tradition für den Kaiser in Wien.

[23.] Als gegen Ende des Jahres das Heer von Hannover in Waffen in Hadeln eindrang[64] und die am Boden liegende Hoffnung der Hiesigen wieder nährte, befanden sich hier mit den Kaiserlichen 25 Schweden in der Garnison. Der Hannoveraner[65] hatte dem König von Schweden[66] den Krieg erklärt. Weil er noch nicht ausgerückt war und sich beklagte, seine Feinde, nämlich die Schweden, drängten in die Hadelner Herrschaft ein und würden dort begünstigt – an deren Platz und an deren besoldeten Auftrag er selbst treten wollte –, ließ der kaiserliche Kommandant[67] das Schloss, der Bürgermeister die Stadt sperren und mit starken Wachtposten sichern. Als also die hannoveranischen Soldaten die Tore von Stadt und Schloss verschlossen, auch durch besondere Wachen gesichert vorfanden, wendeten sie keine Gewalt an, lagerten aber dennoch in den Nachbardörfern.

[24.] Sobald sie herausfanden, dass sie bei den Ständen des Landes beliebter waren, so dass sie zehn Groschen Sold je Kopf und Tag erhielten, und die hiesigen Lutheraner öffentlich ihr Verlangen äußerten, lieber hannoveranische als kaiserliche Truppen im Land zu haben, dass die Verteidigung des Landes gewisser und sicherer durch die Hannoveraner als durch die Kaiserlichen werde stattfinden können, dass die Hannoveraner sich mit ihnen zum Luthertum, nicht zum Papismus bekannten, dass ein für alle Mal, was hier an Katholizismus aufgewachsen war, zugrunde gehen werde, sobald das hannoveranische Pferd den Adler[68] vertrieben habe, eilte auf Grund dieser Unruhen unser Herr Hauptmann aus Friesland hierher und meldete offiziell das Vorhaben des Hannoveraners nach Wien.

[25.] Bald kam von der Wiener Regierung ein nicht leichter Blitz; als die Hannoveraner es erfuhren, zogen sie sich friedlich nach Stade zurück, und wiederum war die übel gefasste Hoffnung [fol. 318v] der Hiesigen zunichte geworden, aber trotzdem fürchteten wir in einer nicht völlig unbegründeten Ahnung ein Unwetter im nächsten Sommer von Seiten der Hannoveraner in der Nachbarschaft. Es gibt keinen Menschen, von dem der Missionar bei diesen drohenden Stürmen hier irgendeinen Schutz erwarten könnte; einzig Gott ist der alleinige und starke Schutz seines Priesters; ihm gefiel es auch, durch Weihwasser in einzigartiger Weise zu helfen.

[26.] *Erat hic Lutheranus patria Wittenbergensis, patre natus catholico profugo e claustris monacho, homo vere veteris Germanicae sinceritatis. Is nescio quo veneficio captus erat, utroque pede caro prope omnis diffluxerat, baculo tamen innixus utut operose adrepebat aliquoties ad missionarium, professus frequenter nunquam se plus percipere solatii, quam cum liceret missionario colloqui. Promittit ergo missionarius aquam singularem, qua calefacta pedes mane et vespere madefaciat dataque ipsi ignaro tamen aqua benedicta*[69]*, qua cum diebus aliquot modo praescripto usus fuisset, usum pedum praeclare recepit.*

[27.] *Mirabantur amici expeditum hominis gressum, quibus ille aperte dicit catholicum sacerdotem suum esse medicum, cuius opera, si usus non fuisset, dudum vermium esset esca*[70]*, missionario debere se et vitam et sanitatem et expeditum incessum. Gratitudinis ergo offerebat missionario mille obsequia, aliquot etiam munuscula; quae omnia cum missionarius reiceret, offerebat demum duos libros in folio oppido pretiosos, si antiquitatem spectes. Plures enim quam ducentos annos habent aetatis, eratque unus liber vetus missale, alter vetus chorale, quo in nostro templo Lutherano olim fuissent usi catholici.*

[28.] *Praeter hunc Lutherana famula magicis, ut videbatur, artibus enervata affixa erat lecto. Aquam benedictam ipsi persuadet conversa illa Calvinistica puella, de qua supra memini*[71]*. Vix in diem tertium hanc medicinam adhibuerat, cum lecto dicat vale, ad ordinarias operas bene firma accedit. De cetero hucusque inter hujates haec aqua pharmacum est oppido ignotum.*

[29.] *Placuit praeterea divinae clementiae permovere germanos missionarii fratres et sororem*[72]*, item reverendissimum Hildesiensem decanum ad Sanctam Crucem*[73]*, ut magna liberalitate missionarii labores et taedia solarentur. Vicem illis reddant coelites et mille gratiis exhibitam missionario gratiam remunerent, simul tempestatem, quam pro anno sequente praesagit animus, clementer avertant!*

---

69 Weihwasser gehört(e) zu den Sakramentalien. Man schrieb ihm eine hohe Wirkung zu. – Dazu: K. Hock: *s. v.* Wasser, I., Religionsgeschichtlich, in: LThK, 10, Freiburg 3·2001, Sp. 984 f. – J. Ernst: *s. v.* Wasser, II., Biblisch-theologisch, in: Ebd., Sp. 985 f.. – B. Kranemann: *s. v.* Wasser, III., Liturgisch, in: Ebd., Sp. 986–988. – L. Intorp: *s. v.* Wasser, IV., Frömmigkeitsgeschichtlich, in: Ebd., Sp. 988 f. – Hier sollte das Weihwasser offenbar gegen die Gicht helfen.

70 Vgl. DWDS (= Der deutsche Wortschatz von 1600 bis heute): „Sind wir nicht alle ein Fraß der Würmer“ (= vergänglich)? [nach Alexis, Bredow, II, 2, 305] – Zitiert nach: https://www.dwds.de/wb/Fra%C3%9F [Zugriff am 19. Mai 2019].

71 Zu diesem calvinistischen Mädchen siehe oben S. 72, im Jahresbericht von 1715 [4.].

72 Zu den Geschwistern des Missionars siehe oben Anm. 42, S. 68.

73 Zu Johannes Heerde (Hörde), dem Dekan des Hildesheimer Kollegiatsstiftes Heilig Kreuz, siehe oben Anm. 12, S. 48.

[26.] Es ist hier ein Lutheraner aus Wittenberg, Sohn eines katholischen Vaters, eines aus dem Kloster entlaufenen Mönchs, ein Mensch von wahrhaft alter deutscher Redlichkeit. Er war, ich weiß nicht, von welcher Vergiftung infiziert worden; an beiden Füßen war das Fleisch fast völlig zerflossen. Doch auf einen Stab gestützt kroch er manchmal ganz mühselig zum Missionar und bekannte häufig, niemals erhalte er mehr Trost als dann, wenn er sich mit dem Missionar unterhalten dürfe. Der Missionar versprach ihm ein besonderes Wasser, das er erhitzen und in das er morgens und abends seine Füße stecken solle; doch ohne sein Wissen hatte er Weihwasser[69] hinzugetan. Nachdem er es einige Tage lang in der vorgeschlagenen Weise angewendet hatte, konnte er deutlich seine Füße wieder gebrauchen.

[27.] Über den unbehinderten Gang des Mannes staunten seine Freunde, denen er offen sagte, der katholische Priester sei sein Arzt gewesen; wenn er seine Hilfe nicht angewendet hätte, wäre er längst ein Fraß der Würmer[70]; dem Missionar verdanke er Leben, Gesundheit und unbehindertes Gehen. Zum Dank bot er dem Missionar tausend Gefälligkeiten, auch einige Geschenke. Als der Missionar sie ihm alle ausschlug, bot er ihm schließlich zwei ungemein wertvolle Folianten, wenn man ihr Alter betrachtet. Sie hatten nämlich ein Alter von mehr als zweihundert Jahren, das eine war ein altes Messbuch, das andere ein altes Choralbuch, das die Katholiken einst in unserer lutherischen Kirche gebraucht hatten.

[28.] Außer diesem war eine lutherische Magd durch Zauberkunststücke, wie es schien, geschwächt und ans Bett gefesselt. Zu Weihwasser riet ihr jenes konvertierte calvinistische Mädchen, von der ich oben berichtet habe[71]. Kaum hatte sie dieses Heilmittel drei Tage lang angewendet, als sie dem Bett Adieu sagte und sich, ganz wiederhergestellt, an die üblichen Arbeiten machte. Im Übrigen ist bis heute unter den Hiesigen dieses Wasser eine völlig unbekannte Arznei.

[29.] Es gefiel außerdem der göttliche Güte, die Brüder und die Schwester des Missionars[72] zu veranlassen, ebenso den Dekan des Hildesheimer Kreuzstiftes[73], mit großer Freigebigkeit die Mühen und das Eklige des Missionars zu trösten. Ihnen mögen die Himmlischen es mit tausend Dank vergelten und zugleich den Sturm, den er für das folgende Jahr vorausahnte, gnädig abwenden!

[Jahresberichte für die Jahre 1716 und 1717 aus Otterndorf fehlen im Kölner Stadtarchiv. Am 9. Dezember 1716 wechselte Pater Wasmodt von Gückstadt nach Otterndorf und Pater Heinrich Schreiber kam von Otterndorf nach Glückstadt]

4. 4. ANNUAE MISSIONIS OTTERENDORPIENSIS 1718

[1.][K. T., Bestand Jesuiten 224, A 646/3, fol. 454r] *Fuit annus millesimus septingentesimus decimus octavus terrae Hadelensi maxime fatalis ob terribilem inundationem*[74]*, qua non tantum multa pecorum millia, sed etiam 309 homines submersi ac innumerae aedes aut funditus eversae aut misere sunt labefactatae. Quam sortem etiam subiit domus, quam missionarius*[75] *incolebat, qui non sine damno ac periculo ad aliam in editiore loco sitam confugere coactus fuit.*

[2.] *De reliquo est missio haec redituum admodum sterilis, laborum vero feracissima. Tenetur enim sacerdos singulis festis ac dominicis binare et post primum sacrum parvam exhortationem, post secundum vero ad concionem dicere, a prandio catechismum aut agoniam*[76] *habere.*

[3.] *Accedunt praeterea frequentes excursiones ad aegros per lutulentam viam in locis aliquot milliaribus dissitis. Expensas ad excursiones necessarias exiguum missionarii peculium subministrare cogitur, cuius labores solatur spiritualis fructus, quem potissimum facit in prolibus ex una parte Lutheranis parentibus progenitis, quas omnes in salutari doctrina instruit et a teneris ad salvificae ecclesiae gremium*[77] *confugere edocet.*

---

74 Zur Sturmflut am Weihnachtstag 1717 an der deutschen Nordseeküste: Auch die Glückstädter Jesuiten berichten ausführlich über diese Sturmflut auf der anderen Elbseite: C. Flucke/M. Schröter (Hrsg.): *Litterae annuae* von Glückstadt, zum Jahresbericht 1717 [14.] ff., S. 434 ff. – Siehe ebenso die Chronik des Landes Hadeln, S. 428 ff. – D. Meier: Die Elbe, Heide 2014, S. 152–154. – G. von Osten: Aus einer kleinen Landstadt, Otterndorf 1900, S. 60 f.

75 Die katholische Seelsorge versah seit dem 9. Dezember 1716 Pater Johannes Wasmodt SJ, Missionar in Glückstadt (1698–1716), Missionar in Otterndorf (1716–1718). – Zu ihm: C. Flucke/M. Schröter, *Litterae annuae* von Glückstadt, 2, Münster 2017, Anhang 16. 2., [16.], S. 738 f.

76 Zur Otterndorfer Todesangst-Bruderschaft siehe Anm. 5, S. 40.

77 Zum Bild des „Schoßes der Mutter Kirche“: T. Werner: Den Irrtum liquidieren, Bücherverbrennungen im Mittelalter, Göttingen 2007, S. 301–306.

[Jahresberichte für die Jahre 1716 und 1717 aus Otterndorf fehlen im Kölner Stadtarchiv. Am 9. Dezember 1716 wechselte Pater Wasmodt von Gückstadt nach Otterndorf und Pater Heinrich Schreiber kam von Otterndorf nach Glückstadt]

4. 4. DER JAHRESBERICHT DER OTTERNDORFER MISSION 1718

[1.][K. T., Bestand Jesuiten 224, A 646/3, fol. 454r] Das Jahr 1718 war für das Land Hadeln ganz katastrophal wegen der schrecklichen Sturmflut[74], durch die nicht nur viele tausend Stück Vieh, sondern auch 309 Menschen ertranken und unzählige Häuser entweder völlig vernichtet oder schlimm zum Einsturz gebracht wurden. Dieses Geschick erlitt auch das Haus, das der Missionar[75] bewohnte; er musste nicht ohne Schaden und Gefahr in einem anderen, höher gelegenen Zuflucht suchen.

[2.] Sonst ist diese Mission ganz unfruchtbar an Wiedereintritten, aber äußerst fruchtbar an Arbeiten. Denn der Priester ist gehalten, an den einzelnen Festen und Sonntagen zwei Messen zu feiern und nach dem ersten Gottesdienst eine kurze Ansprache zu halten, nach dem zweiten aber zu predigen, nach der Frohkost den Katechismus oder die Liturgie der Todesangst-Bruderschaft[76] abzuhalten.

[3.] Hinzukommen außerdem häufige Reisen auf schlammigen Wegen zu Kranken in einige Meilen entfernten Orten. Die nötigen Reisekosten muss man von dem geringen Gehalt des Missionars bestreiten, dessen Arbeit die geistliche Frucht tröstet. Hauptsächlich erreicht er sie bei Kindern, die mit einem lutherischen Elternteil aufwachsen; sie alle unterrichtet er in der heilbringenden Lehre und lehrt sie von Kindheit an, im Schoß der seligmachenden Kirche[77] ihre Zuflucht zu suchen.

[4.] *Duae etiam animae, quae in praesentissimo defectionis periculo versabantur, periculo subductae ac in religione plenius instructae ad sacram synaxin sunt admissae. Nec minus etiam inde capit solatium, quod dissensiones, quae in catholica hac communitate fuerunt admodum graves, divina aspirante gratia ita sunt sopita, ut illi, qui mutuo sese non dignabantur alloquio, nunc familiariter invicem conversentur; in quo vinculo caritatis*[78] *ut benignissimus Deus constanter omnes conservet, enixe optamus.*

3. 5. *ANNUAE MISSIONIS OTTERENDORPIENSIS 1719*

[1.][K. T., Bestand Jesuiten 224, A 646/3, fol. 486v] *Annuas huius missionis scripturo non nisi morbi et variae febres occurrunt, quae in patria Hadelensi ita sunt grassata ac nunc grassantur*[79]*, ut ex centum hominibus vix decem sanos invenire liceat. Missionarius*[80] *etiam non fuit immunis, sed per quinque integros menses quotidiana febri vel, ut medici vocant, duplici tertiana ita fuit debilitatus, ut vix in festis Natalitiis sacrum legere potuerit nec intra quattuor menses pristinas vires sit recuperaturus. Itaque medium fere annum non tam agendo quam patienter infirmitatem tolerando missionarius transegit*[81].

[2.] *Hoc tamen in diuturno morbo solatii habuit, quod, quamvis aeger et debilis, ad agonizantes vel rheda vel aliorum manibus delatus omnes omnino sanctis sacramentis munierit ita, ut nemo sit mortuus, qui non sanctis sacramentis ad extremam luctam dispositus fuerit.*

[3.] *A Luthero ad sinum ecclesiae reductus adolescens 14 annorum, qui patre catholico, matre acatholica natus hucusque vi ac minis a matre in Lutheranismo detentus fuerat. Reliqua consueta missionariorum munia, quae suum tenuere vigorem, tacitus praetereo, ac benignissimum Deum rogo, ut vires laboribus pares largiatur.*

---

78 Zum *vinculum societatis* vgl. Paulus, Kol. 3, 14: *super omnia autem haec caritatem, quod est vinculum perfectionis et pax Christi exultet in cordibus vestris: Biblia sacra iuxta vulgatam versionem,* S. 1823. – „Vor allem aber liebt einander, denn die Liebe ist das Band, das alles zusammenhält und vollkommen macht", Neue Jerusalemer Bibel, S. 1713; mit der theologischen Vorstellung, dass der heilige Geist das Band der Einheit sei; eine Vorstellung, die irrtümlich Aurelius Augustinus zugeschrieben wird, aber mehr eine Frucht der intensiven Beschäftigung mit seinen Schriften zuzuschreiben ist: R. Kany: Augustins Trinitätsdenken, Tübingen 2007, S. 130.

79 Offensichtlich hat den Missionspater eine schwere Infektion geschwächt.

80 Die katholische Seelsorge versah 1719 in Otterndorf offenbar noch der geschwächte Pater Johannes Wasmodt SJ.

81 L. Dreves, *annuae missionis Hamburgensis a MDLXXXI ad MDCCLXXXI, quae ex manuscriptis ad breviorem formam summatim contractas, nunc primum edidit variisque adnotationibus instruxit* Lebrecht Dreves, Freiburg im Breisgau 1867, Anm. 680, S. 169, meint, dass Pater Petrus Helffen 1719 den Pater Johannes Wasmodt vertreten habe, der an Sumpffieber erkrankt gewesen sei, siehe auch C. Flucke, *litterae annuae* aus Altona und Hamburg, zum Jahre 1718 [13.], S. 826, auch Anm. 58 und 59.

[4.] Auch zwei Seelen, die in gewärtiger Gefahr des Abfalls schwebten, wurden der Gefahr entzogen, vollständiger in unserer Konfession unterrichtet und zur heiligen Kommunion zugelassen. Nicht weniger Trost schöpft er auch daraus, dass sehr schwere Zwistigkeiten, die in dieser katholischen Gemeinde herrschten, durch das Wehen der göttlichen Gnade beigelegt wurden, so dass jene, die sich nicht dazu herabließen, ein Wort miteinander zu wechseln, jetzt freundschaftlich miteinander verkehren. Dass der gütige Gott alle in diesem Band der Liebe[78] bewahre, das wünschen wir inständig.

3. 5. DER JAHRESBERICHT DER OTTERNDORFER MISSION 1719

[1.][K. T., Bestand Jesuiten 224, A 646/3, fol. 486v] Als er den Jahresbericht dieser Mission schreiben wollte, hinderten ihn ständig Krankheiten und verschiedene Fieber daran, die im Land Hadeln so grassierten und immer noch grassieren, dass man von hundert Menschen kaum zehn gesunde antreffen konnte[79]. Auch der Missionar[80] war dagegen nicht gefeit, sondern fünf ganze Monate lang war er durch tägliches oder, wie die Ärzte sagen, doppeltes Dreitagesfieber so geschwächt, dass er nur mit Mühe am Weihnachtsfest die Messe lesen konnte und dass er innerhalb von vier Monaten seine alten Kräfte nicht wiederherstellen konnte. So verbrachte der Missionar fast ein halbes Jahr nicht tätig, sondern ertrug vielmehr geduldig seine Krankheit[81].

[2.] Doch diesen Trost hatte er in der langen Krankheit, dass er, wenn auch krank und geschwächt, mit dem Wagen oder von anderen zu Sterbenden getragen, alle mit den heiligen Sakramenten versah. Folglich verstarb niemand, der nicht mit den heiligen Sakramenten auf den letzten Streit vorbereitet worden war.

[3.] Von Luther wurde ein junger Mann von vierzehn Jahren in den Schoß der Kirche zurückgeführt, ein Sohn eines katholischen Vaters, aber einer nichtkatholischen Mutter, der bisher mit Gewalt und Drohungen von der Mutter im Luthertum festgehalten worden war. Die übrigen üblichen Aufgaben der Missionare, die ihr Gewicht behalten haben, übergehe ich mit Schweigen, und bitte den gütigen Gott, dass er ihm die Kräfte verleihe, die den Mühen gewachsen sind.

5. LITTERAE ANNUAE MISSIONIS OTTERENDORPIENSIS DE ANNO 1720 AD ANNUM 1729

5.1. ANNUAE MISSIONIS OTTERENDORPIENSIS 1720

[1.][K. T., Bestand Jesuiten 224, A 646/3, fol. 514v] *Graves missionarius*[1] *in hac sua Japonia sustinet labores, dum omnibus dominicis et festis bis facit ad altare, bis mane ad populum dicit, post prandium catechismum aliasque preces, prima vero dominica simul sodalitatem agoniae*[2]*, omnibus autem diebus ferialibus post officium missae preces et parvam iuventutis in rebus fidei instructionem habet, infirmis etiam frequenter invisit, funera et nuptias concionibus honorat; omnibus tamen his oneribus per Dei gratiam par fuit et sustinens solatusque est clementissimus Deus suum sacerdotem in his laboribus multa multorum liberalitate.*

[2.] *Excellentissimus de Metsch*[3] *assignatis in officium divinum e redditibus ducalibus 40 annuis imperialibus adiecit de suo 12 daleros permisso, quod superfuerit, in usum missionarii. Cui aliisque benefactoribus centuplum retribuat Deus!*

5. 2. ANNUAE MISSIONIS OTTERENDORPIENSIS 1721

[1.][K. T., Best. Jesuiten 223, A 647/1, fol. 33v] *Profecto magni beneficii loco ponere debet missionarius*[4]*, quod anno elapso vires et sanitatem integram licuerit retinere. Pergunt enim in hujate imperii Romani nosocomio tenacissimi et frequentissimi infestare morbi. Placuit tamen divinae clementiae ab hac tempestate missionarium servare intactum, quin simul placuit id gratiae praestare, ut plurimos huius loci labores uni missionario incumbentes absque difficultate sustinuerit; quos etiam multa germanorum fratrum liberalitas aliorumque munificentia remunerabatur.*

[2.] *Addebat clementissimus Deus id solatii, ut aqua benedicta*[5] *singularem virtutem infuderit, quam Lutherani suis liberis et pecori fuisse salutarem publicis in symposiis praedicabant, continuaturi usum vel ringentibus suis praedicantibus. Multa tamen etiam taedia fuere heroica patientia devoranda.*

[3.] *In omnibus laudetur Deus!*

---

1 Die katholische Seelsorge in Otterndorf versah 1720 Pater Heinrich Schreiber SJ, Missionar in Otterndorf (1712–1717), in Glückstadt (1717–1720), in Otterndorf (1720–1726), in Glückstadt (1726–1728), in Münster (1728–?). – Zu ihm Anhang 7.2., S. 125.

2 Zur Otterndorfer Todesangstbruderschaft s. o. Anm. 5, S. 40.

3 Johann Adolf Graf von Metsch (1672–1740), Jurastudium in Leipzig, in kaiserlichen Diensten, 1708 Heirat mit Ernestine von Aufseß und Konversion zum katholischen Bekenntnis, Geheimer Rat, war außerordentlicher kaiserlich-österreichischer Gesandter beim niedersächsischen Kreis in Hamburg (1719–1732), außerdem auch kaiserlicher Sequestrationskommissar der Landschaft Hadeln (1719–1731). – Zu ihm: F. Menges: *s. v.* Metsch, von, in: NDB, 17, Berlin 1994, S. 62 f.

4 Die katholische Seelsorge in Otterndorf versah 1721 weiterhin Pater Heinrich Schreiber SJ, wie Anm. 1.

5 Zum „Weihwasser" und dessen zugeschriebener Wirkung s. o. Anm. 66, S. 82.

5. JAHRESBERICHTE DER OTTERNDORFER MISSION 1720–1730

5. 1. DER JAHRESBERICHT DER OTTERNDORFER MISSION 1720

[1.][K. T., Bestand Jesuiten 224, A 646/3, fol. 514] Schwere Mühen trägt der Missionar[1] in „seinem Japan", wenn er an allen Sonn- und Festtagen zweimal am Altare steht, zweimal früh zum Volke spricht, nach der Frohkost den Katechismus und andere Fürbitten hält, am ersten Sonntag zugleich die Todesangst-Bruderschaft[2], aber an allen Werktagen nach dem Messopfer Fürbitten und eine kurze Unterrichtung der Jugend in Glaubensdingen abhält, auch Kranke häufig besucht, Beerdigungen und Hochzeiten mit Predigten ehrt; doch allen diesen Belastungen war er durch Gottes Gnade gewachsen und bewältigte sie; und der gütige Gott tröstete seinen Priester bei diesen Mühen mit großer Freigebigkeit von Seiten vieler.

[2.] Graf von Metsch[3] fügte zu den aus den herzoglichen Einkünften 40 jährlichen Reichstalern für den Gottesdienst von seinen Einkünften zwölf Taler hinzu und erlaubte dem Missionar, was übrigbleibe, für sich zu gebrauchen. Ihm und anderen Wohltätern möge es Gott hundertfach vergelten!

5. 2. DER JAHRESBERICHT DER OTTERNDORFER MISSION 1721

[1.][K. T., Bestand Jesuiten 223, A 647/1, fol. 33v] Der Missionar[4] muss es in der Tat für eine große Wohltat halten, dass er nach Ablauf des Jahres seine Kräfte und seine Gesundheit unangefochten erhalten durfte. Denn im hiesigen Krankenhaus des Römischen Reiches sind weiterhin hartnäckige und häufige Krankheiten eine große Gefahr. Dennoch gefiel es der göttlichen Güte, vor diesem Unwetter den Missionar unangetastet zu bewahren, ja zugleich gefiel es ihr, solch eine Gnade zu gewähren, dass er die meisten Arbeiten an diesem Ort, die nur einem Missionar obliegen, ohne Schwierigkeit leisten konnte; diese belohnte auch die große Freigebigkeit seiner leiblichen Brüder und die Großzügigkeit anderer.

[2.] Der gütige Gott fügte den Trost hinzu, dass Weihwasser[5] einzigartige Kraft verlieh. Auf öffentlichen Gastmählern waren die Lutheraner des Lobes voll, dass es ihren Kindern und ihrem Vieh Gesundheit gebracht habe; sie würden seinen Gebrauch fortsetzen, auch wenn sich ihre Prediger darüber ärgerten. Doch auch viel Ekliges musste man mit heroischer Geduld in sich hineinfressen.

[3.] Gott sei gelobt in allem!

5. 3. Annuae missionis Otterendorpiensis 1722

[1.][K. T., Best. Jesuiten 223, A 647/1, fol. 46v] *Numquam profecto tam insolentem sensimus Lutheranismum quam moderna tempestate. Certe cum commissarius extraneus semper liberrime matrimonium iunxisset, nunc cedendum fuit et par coniugum pseudopastoribus*[6] *permittendum.*

[2.] *In duobus vicinis Lutheranorum templis visus est velut umbratile spectrum ad aram sacerdos catholicus habitu sacerdotali indutus. Cum Lutherani praedicantes e cathedra dictioni suam ordinariam cantilenam praemitterent ventumque esset ad illa verba:* steur′ [des] papsts und türken mort[7]; *horror ingens omnes concussit coeptamque odam abrupit. Ipse praedicans suam in cathedra dictionem inchoaturus mirabili tremore agitatus coactus est pisce magis mutus*[8] *ex ambone descendere; cerei ibidem super altare accensi extincti sunt cornu extinctorio imposito, nulla tamen manu applicata, post modum candelabra virtute occultissima ex altaribus templi eiecta sunt. Faxint superi, ut bona omina bonus consequatur effectus et gentis huius conversio!*

[3.] *Unus adolescens a matre Lutherana defuncto patre catholico sectae Lutheranae applicatus id demum evicit, ut materno qualicumque consensu nunc scholam et sacra catholica frequentet.*

[4.] *Multa fuit hoc anno multorum in sacellum liberalitas, pro qua divinae maiestati sunt immortales gratiae.*

---

6 Lutherische Pastoren waren 1722 in Otterndorf: auf der ersten Pastorenstelle: Johann Georg thor Borch (*1683, †1759, im Amt 1720–1759). – Auf der zweiten Pastorenstelle, dem Archidiakonat: Johann Fink (†1756, im Amt 1721–1749). – Auf der dritten Pastorenstelle: Johann Dracke (*1693 in Osterbruch, †1744, im Amt: 1721–1744). Alle Angaben nach P. Meyer, Die Pastoren der Landeskirchen, II, S. 258–260.

7 Zum Originaltext von Luthers Gemeindechoral: „Erhalt′ uns Herr bei Deinem Wort und steur′ des Papst und Türken Mord" (im Evangelischen Gesangbuch Nr. 193 in veränderter Fassung) siehe: A. Marti: *s. v.* 193. Erhalt uns Herr bei Deinem Wort, in: I. Seibt: Liederkunde zum evangelischen Gesangbuch, Göttingen 2015, S. [21] 3–[21] 8. – Für die richtige Übertragung und den entscheidenden Hinweis danke ich herzlich Herrn Robert Gahde.

8 „Stumm wie ein Fisch", also „nichts sagen, sich nicht äußern", gehört zu den deutschen Redensarten.

5. 3. DER JAHRESBERICHT DER OTTERNDORFER MISSION 1722

[1.][K. T., Bestand Jesuiten 223, A 647/1, fol. 46v] Niemals in der Tat verspürten wir ein so freches Luthertum wie zur heutigen Zeit. Obwohl immer ein auswärtiger Beaufragter Paare frei zur Ehe verbunden hatte, musste man jetzt nachgeben und ein Ehepaar den Pseudo-Hirten[6] überlassen.

[2.] In zwei Nachbarkirchen der Lutheraner zeigte sich ein katholischer Priester wie eine schattenhafte Erscheinung am Altar, angetan mit einem priesterlichen Gewand. Als die lutherischen Prediger von der Kanzel ihren üblichen Gesang der Predigt vorausschickten und man zu jenen Worten kam: „Steuere des Papsts und Türken Mord“[7], erschütterte alle ein ungeheurer Schrecken und brachte das begonnene Lied zum Verstummen. Sogar als der Prediger seine Predigt auf der Kanzel beginnen wollte, wurde er von einem erstaunlichen Zittern überwältigt und musste stummer als ein Fisch[8] von der Kanzel herabsteigen. Kerzen, die auf dem Altar angezündet waren, wurden ausgelöscht, indem ein Löschhorn über sie gestülpt wurde, doch ohne dass eine Hand angelegt worden war; nach einer Weile wurden die Kerzenständer von einer verborgenen Kraft von den Altären der Kirche gestoßen. Mögen die Himmlischen geben, dass den guten Vorzeichen eine gute Wirkung folgt und eine Konversion dieses Volkes!

[3.] Ein Heranwachsender, der von seiner lutherischen Mutter nach dem Tode des katholischen Vaters der lutherischen Sekte zugeführt worden war, setzte schließlich durch, dass er jetzt mit irgendwelcher Zustimmung der Mutter die katholische Schule und die Gottesdienste besucht.

[4.] Groß war in diesem Jahr die Freigebigkeit vieler für die Kapelle, für die der göttlichen Majestät unvergänglicher Dank erwiesen wird.

5. 4. ANNUAE MISSIONIS OTTERENDORPIENSIS AD ALBIM 1723

[1.][K. T., Best. Jesuiten 223, A 647/1, fol. 87v] *Placuit clementissimo Deo catholicum huius loci sacellum e praesentissimo incendii periculo benignissime eruere. Absente enim missionario*[9] *et apostolicis excursionibus occupato domus illa, in cuius maiore conclavi habetur officium divinum, correpta flammis*[10]*. Hospes a vicinis strenue adiutus suas res efferebat, pro supellectile tum missionarii tum sacelli nemo erat sollicitus. Plures quidem cum gemitu iacturam dolebant, manum tamen rebus exportandis applicare aut non poterant aut non audebant.*

[2.] *Deus tamen praeclarissimus tutor extitit*[11]*, quo protegente non modo nil perditum, sed nequidem quicquid loco movere necesse fuit. Pars enim illa domus, quae flammis undique erumpentibus gravissime ardebat, iniectis harpagonibus a reliqua domus parte adhuc illaesa avellebatur, incendiumque non tam affusa aqua extinctum quam impositis pedibus conculcatum fuit et deletum.*

[3.] *Redux missionarius actis Deo superisque gratiis domum istam deseruit, uti dudum causis gravissimis impulsus facere constituerat, coepitque exinde in domo alia pretio conducta habere oeconomiam propriam cum famulo, qui coqueret et inserviret, reiectis omnibus alicuius mulierculae sub quocunque titulo servitiis*[12]*.*

[4.] *Tum ecce multa aliorum liberalitate res oeconomica fuit praeclare adiuta. Sane reverendissimus ad Sanctam Crucem Hildesii decanus*[13] *liberali aere, germani missionarii fratres*[14] *et soror tela linea, supellectile mensale, stanno, Westphalicis petasonibus, aromatibus, argento et auro, perillustris dominus de Marschall*[15] *donis culinariis pinguibus et frequentibus, excellen-*

---

9 Die katholische Seelsorge in Otterndorf versah 1723 Pater Heinrich Schreiber SJ.

10 Die Lage des Hauses mit der Kapelle des Missionars in Otterndorf ist noch unklar.

11 Die Wendung *deus tutor* kommt so zwar nicht in den Psalmen vor, wohl aber in deren Paraphrasen durch verschiedene Theologen.

12 Der Missionar verzichtete zugunsten eines Leibdieners also auf eine Hauswirtschafterin. Hatte es dafür einen Grund gegeben?

13 Zu Johannes Heerde (Hörde), dem Dekan des Hildesheimer Kollegiatsstiftes Heilig Kreuz, siehe oben Anm. 12, S. 48.

14 Zu den Geschwistern des Missionars s.o. Anm. 42, S. 68.

15 Hier ist noch ungeklärt, ob und um welche Person aus dem Geschlecht der Marschall zu Bieberstein es sich handelt.

5. 4. DER JAHRESBERICHT DER OTTERNDORFER MISSION AN DER ELBE 1723

[1.][K. T., Bestand Jesuiten 223, A 647/1, fol. 87v] Es gefiel dem gütigen Gott, die katholische Kapelle dieses Ortes von der gewärtigen Gefahr eines Brandes gütig zu bewahren. Denn als der Missionar[9] nicht vor Ort, sondern mit apostolischen Reisen beschäftigt war, wurde das Haus, in dessen größtem Raum der Gottesdienst gehalten wird, von Flammen ergriffen[10]. Der Hauswirt, dem die Nachbarn fleißig halfen, brachte sein Hab und Gut heraus; um die Ausstattung des Missionars und der Kapelle kümmerte sich niemand. Mehrere jammerten mit Seufzen um den Verlust, doch Hand anlegen, um die Sachen nach draußen zu bringen, konnten oder wagten sie nicht.

[2.] Doch Gott erwies sich als herrlicher Beschützer[11], durch dessen Schutz nicht nur nichts verloren ging, sondern überhaupt nichts von seinem Platz fortgeschafft werden musste. Denn derjenige Teil des Hauses, der überall mit lodernden Flammen in Brand stand, wurde mit Hakenstangen vom restlichen, noch nicht verwüsteten Teil des Hauses fortgezogen und der Brand nicht so sehr durch Wasser gelöscht, als vielmehr mit den Füßen ausgetreten und erstickt.

[3.] Als der Missionar zurückgekehrt war und Gott und den Himmlischen gedankt hatte, verließ er dieses Haus, wie er schon längst aus triftigen Gründen beschlossen hatte, und hatte dann in einem anderen gemieteten Haus eine eigene Hauswirtschaft mit einem Diener, der kochen und bedienen sollte. So vermied er alle Dienste einer Frau unter irgendeinem vorgeschobenen Rechtstitel[12].

[4.] Siehe, da wurde die Hauswirtschaft durch die große Freigebigkeit anderer herrlich unterstützt. Es unterstützten die Hauswirtschaft der Dekan zum Heiligen Kreuz in Hildesheim[13] mit reichlich Geld, die leiblichen Brüder und die Schwester des Missionars[14] mit Leinenzeug, Tischgedeck, Zinngefäßen, westfälischen Schinken, Gewürzen, Silber und Gold, Herr von Marschall[15] mit fetten und häufigen Gaben für die Küche, Graf von Metsch[16] mit sieben Wagen Torf[17]. Jedem einzelnen mögen es die Himlimschen vergelten!

tissimus comes de Metsch[16] *septem plaustris cespitum*[17] *oeconomiam praeclare adiuvabant. Vicem singulis reddant caelites!*

[5.] *Qui insuper sub hoc morbido* [fol. 88r] *caelo, quod extraneus rarissime subit, quin gravi infirmitate correptus quasi ingrediendi temeritatem luat, a quo fato ne illi quidem exempti sunt, qui hic nati et educati post aliquot annorum absentiam ad patrium et nativum clima redierunt, sub hoc, inquam, morbido caelo missionarium loci aeri, laesionibus caediisque gravissimis iam assuetum sanum firmumque caelites conservaverunt, duarum etiam animarum conversione missionarii patientiam munerati.*

[6.] *Anni interim exitus non omnino quietus fuit. Cum enim missionarius pro suo munere militem cum sua sponsa matrimonio iungere vellet, obstitit praedicans, causatus sponsam civem esse adeoque suae iurisdictioni subiectam. Adduxerat etiam nefarius homo dominum consulem*[18] *et praesidem iustitiae*[19] *in suas partes, qui submissis famulis mulieri imperant, ut praedicantem matrimonii ministrum admittat.*

[7.] *Indignatus missionarius reponit praedicantis querelas nugas olere potius quam prudentiam; militem copulandum esse non cum ligno et lapide, sed cum sua sponsa, quae, si civici ordinis, si consularis ordinis, si equestris ordinis fuerit, uti militis sponsa est, sic cum milite a militum pastore iungenda est. Iunxit matrimonio missionarius par illud coniugum vel ringente rabula.*

[8.] *Et cum dies ille copulationis incideret in dominicam primam mensis, diem scilicet sodalitatis agoniae*[20], *et propterea nuptialis concio quarta dictio esset illo die ad populum habenda, stupuit Lutheranismus missionarii labores, aderantque mane et post prandium frequentes Lutherani in sacello.*

[9.] *Hoc certum: post scelus Hamburgensium evertentium catholicam ecclesiam insolens hic et in vicinia est Lutheranismus*[21]. *Juvent superi!*

---

16 Johann Adolf Graf von Metsch (1672–1740) war kaiserlicher Sequestrationskommissar des Landes Hadeln (1719–1731). – Zu ihm siehe oben Anm. 3, S. 90.

17 Torf wurde in Otterndorf, das von großen Mooren umgeben war, als Brennstoff benutzt. – Einen Überblick dazu bietet: [Zugriff am 16. März 2019] http://www.chemie.de/lexikon/Torf.html.

18 Otto Friedrich Vollhagen (1661–1727) war 1723 Erster Bürgermeister Otterndorfs (1723–1727). – Nach: Chronik des Landes Hadeln, Otterndorf 1843, S. 444. – U. Timm, Hadler Kirchspielsleute, S. 239.

19 Johann Georg Schlete war 1723 Gerichts-Verwalter, ebd., S. 443.

20 Zur Otterndorfer Todesangst-Bruderschaft s. o. Anm. 5, S. 40.

21 Der Missionar spielt hier auf die Ereignisse in Hamburg an: Dort hatte nach einer Hetzpredigt durch den Pastor in der Großen Michaeliskirche (wohl Peter Theodor Seelmann, im Amt: 1715–1730) eine größere Gruppe das Haus des kaiserlichen Residenten in der Michaelisstraße geplündert und die angebaute Kapelle zerstört: Siehe C. Flucke, *litterae annuae* … aus Altona und Hamburg, zum Jahre 1719 [6.] – [11.], S. 822–825. – F. Hatje: Repräsentationen der Staatsgewalt, Basel, Frankfurt/M 1997, S. 113–247. – S. Martus: Aufklärung, Berlin 2015, S. 172–176. – R. Pabel: „Ein schwarzer Tag für Hamburg", BMVkKG, 7, 2002, S. 263.

[5.] Diese Himmlischen bewahrten dazu unter dem hiesigen krankmachenden [fol. 88r] Himmel, dem sich ein Auswärtiger äußerst selten unterzieht, ohne dass er von schwerer Krankheit ergriffen seine Verwegenheit, das Land zu betreten, büßt – von welchem Schicksal nicht einmal die ausgenommen sind, die, hier geboren und erzogen, nach einigen Jahren Abwesenheit in das väterliche und angeborene Klima zurückgekehrt sind –, unter diesem krankmachenden Himmel, sag ich, bewahrten sie den Missionar, der sich schon an die Luft des Ortes, schwere Verletzungen und Anschläge gewöhnt hatte, gesund und stark. Auch belohnten sie die Ausdauer des Missionars mit der Konversion zweier Seelen.

[6.] Dabei war das Ende des Jahres nicht völlig friedlich. Denn als der Missionar pflichtgemäß einen Soldaten mit seiner Braut ehelich verbinden wollte, widersetzte sich ein Prediger mit der Begründung, dass die Braut Bürgerin und deswegen seiner Rechtsprechung unterworfen sei. Der ruchlose Mensch brachte den Bürgermeister[17] und den Gerichtsvorsitzenden[19] auf seine Seite, die Diener schickten und der Frau befahlen, den Prediger zur Eheschließung zuzulassen.

[7.] Empört erwiderte der Missionar, die Klagen des Predigers zeugten eher von Lächerlichkeit als von Klugheit; der Soldat sei nicht mit Holz und Stein zu verbinden, sondern mit seiner Braut, die, auch wenn sie bürgerlichen, ratsmännischen oder ritterlichen Standes sei, da sie die Braut eines Soldaten ist, mit einem Soldaten durch den Pastor der Soldaten zu trauen ist. Und der Missionar traute das Ehepaar, auch wenn der Rechtsverdreher mit den Zähnen knirschte.

[8.] Und da jener Hochzeitstag auf den ersten Sonntag des Monats fiel, den Tag der Todesangst-Bruderschaft[20], und die Hochzeitspredigt deshalb an diesem Tag die vierte vor dem Volk zu haltende Predigt war, staunte das Luthertum über die Tätigkeiten des Missionars. Frühmorgens und nach dem Mittag waren viele Lutheraner in der Kapelle.

[9.] Das ist gewiss: Nach dem Verbrechen der Hamburger, die die katholische Kirche zerstörten[21], verhält sich das Luthertum hier und in der Nachbarschaft aufsässig. Mögen die Himmlischen helfen!

5. 5. ANNUAE MISSIONIS OTTERENDORPIENSIS 1724

[1.][K. T., Best. Jesuiten 223, A 647/2, fol. 111v] *Abfuit proxime a seditioso tumultu anni huius ingressus. Unus enim nostrorum praedicans*[22] *conscenso ambone gravissime in religionem catholicam et missionarium*[23] *detonuerat; erantque popinae, tabernae, symposia plena seditiosis discursibus.*

[2.] *Missionarius id tutissimum ratus incipit aperte inquieto rabulae minari dicitque ad eos, a quibus certe satis ad praedicutium referendum sciebat, dicit, inquam, non ita impunis fulminaverit vester praedicans, obstruam blateroni impudens os; sentietque sibi cum missionario rem esse, et quae plura eius generis dolor et indignatio suggerebant; videturque hoc quale quale minax fulmen praedicantes non nihil concussisse.*

[3.] *Paulo enim post loci huius praedicans sive primarius pseudo-pastor*[24] *missionarium domi suae invisit, acerbiorem sui confratris dictionem damnat spondetque se collaturum postmodum, quidquid posset, ad conservandam bonam praedicantes inter et missionarium harmoniam.*

[4.] *Effluxerant menses aliquot, cum prior inquietus rabula praesentibus suo collega et nostro domino consule, catholico cive*[25]*, doloris sui vulnus iterum cum gemitu aperit. Asserente enim consule sibi certum esse, utut fata illa supervicturus, non gerendum*? *fore, ut tota provincia intra annos aliquot ad religionem catholicam rediret, indoluit consulari vaticinio praedicans et cum gravi suspirio subinfert profecto de facto numerum catholicorum nimium augeri. Augebitur per Dei gratiam ringente ipsius hominis invidia.*

[5.] *Non minor ira et odium vicinos soli Bremensis praedicantes in missionarium concitavit. Hi enim in suo Stadensi consistorio*[26] *decreverant neutiquam ultra permittere, ut missionarius sacramenta in Bremensi ducatu administrare. Unum istorum praedicantium*[27] *ex isto consiliabulo reducem obvium habet missionarius Bremam properans. Is mysterium huius iniqui-tatis missionario aperit additque futurum numquam, ut ille suo in pago baptismi administrationem toleret. Sed vix bimestre intercurrerat, cum fatali*

---

22 Folgende waren die lutherischen Pastoren 1724 in Otterndorf: Auf der zweiten Pastorenstelle, dem Archidiakonat: Johann Fink (†1756, im Amt 1721–1749). – Auf der dritten Pastorenstelle: Johann Dracke (*1693 in Osterbruch, †1744, im Amt: 1721–1744). Alle Angaben nach P. Meyer, Die Pastoren der Landeskirchen, II, S. 258–260.

23 Die katholische Seelsorge in Otterndorf versah 1723 Pater Heinrich Schreiber SJ.

24 Johann Georg thor Borch (1683–1759) war lutherischer Hauptpastor in Otterndorf (1720–1759). – Nach: P. Meyer, Die Pastoren der Landeskirchen, II, S. 259.

25 Otto Friedrich Vollhagen war Bürgermeister Otterndorfs. – Zu ihm Anm. 18, S. 96.

26 Zum Stader Konsistorium der lutherischen Kirche: F. Köster, Geschichte des königlichen Consistoriums, insbesondere S. 8–40. – Die im Zeitraum von 1713 bis 1732 wirkenden Mitglieder sind aufgelistet bei: P. Meyer, Die Pastoren, II, S. 387.

27 Gerhard Meyer (auch Meier; *28. August 1664 in Hamburg, †25. Februar 1723) war Superintendent an der Bremer Domkirche (1701–1723). – Vgl.: W. Berner: Daniel Gerhard Heisius, Pastor in Arbergen 1704–1747, Bremisches Jahrbuch, 52, 1972, S. 113–129, S. 116 f. – H. Schwarzwälder: Das große Bremen-Lexikon, Bremen [2]2003, S. 577.

5. 5. DER JAHRESBERICHT DER OTTERNDORFER MISSION 1724

[1.][K. T., Bestand Jesuiten 223, A 647/2, fol. 111v] Der Anfang dieses Jahres war nicht fern von einem aufrührerischen Tumult. Denn nach dem Besteigen der Kanzel hatte einer der hiesigen Prediger[22] schwer gegen die katholische Konfession und den Missionar[23] gewettert. Garküchen, Schenken und Gasthäuser waren voll von aufrührerischen Gesprächen.

[2.] Da der Missionar dies für das sicherste hielt, begann er offen dem Unruhe stiftenden Rechtsverdreher zu drohen und sagte zu denen, von denen, wie er wusste, es sicherlich dem Prediger übermittelt werden würde, er sagte, sage ich: „Euer Prediger wird wohl nicht ungestraft Blitze schleudern, ich werde dem Schwätzer seinen unverschämten Mund stopfen; er wird spüren, dass er es mit einem Missionar zu tun hat." Und was weiteres dieser Art ihm der Schmerz und die Empörung eingab. Und dieser wie auch immer beschaffene drohende Blitz schien die Prediger nicht wenig getroffen zu haben.

[3.] Denn kurz darauf besuchte ein Prediger, der Hauptpastor dieses Ortes[24], den Missionar in seinem Hause, verurteilte die zu scharfe Predigt seines Mitbruders und gelobte, er werde dazu beitragen, was immer er könne, um die gute Harmonie zwischen den Predigern und dem Missionar zu erhalten.

[4.] Einige Monate waren verflossen, als der oben genannte Unruhe stiftende Rechtsverdreher in Gegenwart seines Kollegen und unseres Bürgermeisters[25], eines katholischen Bürgers, die Wunde seines Schmerzes erneut mit einem Seufzer offen legte. Denn als der Bürgermeister versicherte, er sei sich gewiss, mochte er auch diese Entwicklung nicht überleben, so müsse man es für unerträglich halten, dass die ganze Provinz innerhalb einiger Jahre zur katholischen Konfession zurückkehre; da bezeugte der Prediger seinen Schmerz über die Vorhersage des Bürgermeisters und fügte mit einem tiefen Seufzer hinzu, in der Tat vermehre sich die Zahl der Katholiken allzu sehr. Durch Gottes Gnade wird sie sich vermehren, auch wenn sich der Mensch aus Neid ärgert.

[5.] Nicht weniger stachelten Zorn und Hass die benachbarten Prediger des Bremer Landes gegen den Missionar auf. Denn diese hatten in ihrem Stader Konsistorium[26] beschlossen, keinesfall weiterhin zu gestatten, dass der Missionar im Herzogtum Bremen die Sakramente spende. Einem dieser Prediger[27], der von dieser Beratung zurückkehrte, begegnete der Missionar, als er nach Bremen eilte. Dieser eröffnete dem Missionar das Geheimnis dieses ungerechten Beschlusses und fügte hinzu, er werde niemals in seinem Dorf die Spendung der Taufe dulden. Doch kaum waren zwei Monate vergangen, als er, von einer todbringenden Krankheit ergriffen, seinen Hass und sein Leben ausspie. Kurz vorher hatte er sein Pseudo-Hirtenamt teuer erkauft, nicht einmal ein Drittel der Kosten hatte er zurückerhalten.

morbo correptus odium suum et vitam evomit, postquam paulo ante suum pseudo-pastoratum magno emerat, ne tertia impensarum parte recepta.

[6.] *Plus negotii facessivit alius Bremensis praedicans*[28], *sed et illum vindex Deus subsecutus est; Stadam enim redux, velut triumphum ibidem acturus, repentina infirmitate in platea obrutus collabitur, paulo post ibidem extinguitur suam pastoralem domum nobis vicinam per modum spectri infestans; a quo casu libere Bremensibus administrabat sacramenta missionarius.*

[7.] *Saepe tamen cum gravibus aliunde enatis difficultatibus, utque nunc omnia alia taceam, in vicinum nobis portum*[29] *illapsus fuerat homo peregrinus catholicus a Muscovia suam concubinam, quam in navi nactus fuerat, secum ducens. Paucis ab adventu diebus coepit aegrotare evocatque missionnarium, qui per ingens lutum pedes duabus horis ad infirmum excurrit. Cui cum loqui missionarius vellet, accurrit concubina, saevissime affert dormire hominem, quo in somno non esset turbandus. Erat autem purum mulierculae mendacium. Infirmus enim omni somno privatus ne sumptis quidem medicamentis conciliare soporem poterat. Alloquium demum nactus missionarius sermonem de divinis, de sacramentis, de periculo animae* [fol. 112r] *serebat.*

[8.] *Sed infirmus ista omnia nauseans rogat, quo servire missionario posset, an vitro an herba the an alio genere; reponit missionarius se nihil horum desiderare, sed hoc unum petere, ut animae suae consuleret; graviorem esse morbum, quam ut prudens evadendi concipi posset. Sed cedit paulisper missionarius in aliud cubiculum ingemiscens et pro infirmo caelitibus supplicans. Reditur paulo post ad aegrotum. Sed ille aures iterum obstruit tali concubinae intentus.*

[9.] *Indignati domestici tam Lutherani quam catholici monent hominem meliora, concubinam acerbius aggrediuntur minati lascivae mulieri exturbationem e domo, sed frustra omnia. Duratque ille missionarii accessus et recessus tota nocte usque ad alterius diei horam nonam. Cum redit missionarius dicturus vale et ad suos rediturus, et ecce singularis Dei gratia immutat hominem, dimittit mulierem, confitetur multo cum dolore sua peccata, sacramenta eucharistiae et extremae unctionis*[30] *suscipit, pios affectus cum missionario elicit et postridie e terreno ad aeternitatis portum transit. Lutherani, qui aderant, vehementer missionarii labores, patientiam, caritatem, iuvandi zelum obstuperunt, publice fassi a nemine suorum praedican-*

---

28 Ist der lutherische Geistlicher Johann Ernst Büttner (†14. März 1725), Prediger auf der ersten Pfarrstelle der Stader Kirche Sankt Nicolai (1699–1725), Mitglied des Stader Konsistoriums (1713–1725), gemeint? – zu ihm: P. Meyer, Die Pastoren der Landeskirchen, II, S. 387 und S. 392.

28 Ist der hamburgische Hafen von Ritzebüttel (das heutige Cuxhaven) oder aber Freiburg an der Elbe im Land Kehdingen gemeint?

30 Zu den Sakramenten der Eucharistie und der Krankensalbung s. o. Anm. 46, S. 70.

[6.] Mehr Schwierigkeiten machte ein anderer Prediger des Bremer Landes[28], doch auch jenem folgte Gottes Strafe auf dem Fuße. Denn als er nach Stade zurückkehrte, als ob er dort den Triumph feiern könnte, wurde er auf der Straße von einer plötzlichen Schwäche übermannt und brach zusammen; kurz darauf verschied er dort und suchte sein uns benachbartes Pastorat in Gestalt eines Gespenstes heim. Seit diesem Vorfall spendete der Missionar den Bremern frei die Sakramente.

[7.] Um jetzt über alles andere zu schweigen, oft musste er doch mit Schwierigkeiten kämpfen, die von anderswoher rührten. In dem uns benachbarten Hafen[29] war ein Fremder, ein Katholik, von Moskau an Land gegangen, mit seiner Konkubine, zu der er auf dem Schiff gekommen war. Wenige Tage nach seiner Ankunft erkrankte er und rief den Missionar, der durch tiefen Schlamm zu Fuß zwei Stunden lang zu dem Kranken eilte. Als der Missionar mit ihm sprechen wollte, lief die Konkubine hinzu, brachte wild vor, der Mann schlafe, in diesem Schlaf dürfe er nicht gestört werden. Es war aber eine pure Lüge des Frauenzimmers. Der Kranke konnte nämlich nicht einmal durch die Einnahme von Medikamenten Schlaf finden. Doch schließlich erlangte der Missionar die Möglichkeit zu einem Gespräch und redete über die göttlichen Dinge, über die Sakramente, über die Gefahr für seine Seele [fol. 112r].

[8.] Doch der Kranke verschmähte dies alles und fragte, womit er dem Missionar dienen könne, ob mit einem Glas, ob mit Tee oder derartigem. Der Missionar erwiderte, nichts davon wünsche er, sondern bitte nur darum, dass er sich um seine Seele kümmern dürfe; die Krankheit sei schwerer, als dass ein kluger Mann die Möglichkeit sehe, ihr zu entkommen. Aber der Missionar zog sich ein wenig in ein anderes Zimmer zurück, seufzend und um Hilfe bei den Himmlischen bittend. Kurz darauf kehrte man zu dem Kranken zurück; er aber verschloss wiederum seine Ohren solchem Anliegen und hörte auf seine Konkubine.

[9.] Voller Empörung mahnten die Hausbewohner, sowohl Lutheraner wie Katholiken, den Mann zum Besseren, gingen schärfer gegen die Konkubine vor und bedrohten die laszive Frau mit dem Hinauswurf aus dem Haus; aber alles war vergebens. Der Hinweg des Missionars und seine Rückkehr dauerten die ganze Nacht bis zur neunten Stunde des folgenden Tages. Als der Missionar zu ihm zurückkam, um sich zu verabschieden und nach Hause zurückzukehren, siehe, da veränderte die einzigartige Gnade Gottes den Menschen; er jagte die Frau fort, bekannte in tiefer Reue und Leid seine Sünden, empfing die Sakramente der Eucharistie und der Krankensalbung[30], erweckte mit dem Missionar fromme Regungen und ging am folgenden Tag vom irdischen in den Hafen der Ewigkeit hinüber. Die anwesenden Lutheraner staunten sehr über des Missionars Arbeit, Geduld, Barmherzigkeit und Hilfsbereitschaft; offen bekannten sie, von keinem ihrer Prediger würde diese Art Barmherzigkeit irgendeinem Kranken zuteil, vor

tium id genus caritatis ulli infirmo exhibendum, praesertim cum tam graves labores nulla pecunia vellet missionarius remuneratos.

[10.] *Ad haec forensia taedia accedunt alii graves prope quotidiani labores: diebus singulis post missae sacrificium preces et modica per quaestiones iuventutis instructio atque lex, omni dominica et festo concio, triplex, dum accidit agoniae sodalitas*[31], *sane circa Johannis diem*[32] *concurrentes festivae nuptiales et agoniae dictiones; intra novem dies undecies erat perorandum ad populum frequenti Lutherano mixtum.*

[11.] *In festis Natalitiis*[33] *intra dies quatuor novem vicibus erat pro concione dicendum, Deo tamen tam clementer adiuvante, ut nihil debilitatis senserit missionarius, ne sciens quidem se habuisse labores. Nec vulgare caeli beneficium est firma missionarii valetudo. Ab eluvione enim Albis*[34] *tam morbidum hic loci caelum est, ut nemo peregrinus huc pedem inferat, quin gravi et diuturna infirmitate quasi ingrediendi temeritatem luat.*

[12.] *Placuit tamen clementissimo Deo missionarii labores aliquot animarum conversione remunerare. Una enim primariae hic loci familiae catholico nupta spretis omnibus obstaculis ad catholica castra generose transivit, occulte tamen adhuc nostra sacra frequentans. Secutus est illam praeclarus uti et opulentus civis mercator, qui etiam contemptis omnibus nostram religionem amplexus optimo est exemplo, et quod mirere, omnibus hujatum Lutheranorum dicteriis, sannis, scommatibus posthabitis maiorem quoque nunc quam olim habens ementium affluxum. Tertius est alius iuvenis parentibus quidem catholicis natus, sed inter Lutheranos isthinc loci, ubi non est officium divinum catholicorum, unde velut tabula rasa nullius erat religionis, qui rebus fidei informatus sacram synaxin more catholico suscepit.*

[13.] *Solatus etiam est clementissimus Deus suum sacerdotem multa liberalitate reverendissimi ac amplissimi domini domini Johannis Herde, Hildesii ad Crucem decani*[35]*, uti et germanorum fratrum et sororis*[36]*, perillustris quoque domini domini de Marschal*[37]*, cuius gratiosa domina uxor affectu plane materno pro missionario solicita est. Quibus omnibus centuplum reddant caelites!*

---

31 Zur Todesangst-Bruderschaft in Otterndorf s. o. Anm. 5, S. 40.
32 Das Fest der Geburt des heiligen Johannes des Täufers fällt auf den 24. Juni.
33 Das Weihnachtfest fällt auf den 25. Dezember.
34 Die Sturmflut ereignete sich am Weihnachtstag 1717. – Dazu s. o. Anm. 71, S. 86.
35 Zu Johannes Heerde, dem Dekan des Heilig-Kreuz-Stiftes in Hildesheim s. o. Anm. 12, S. 48.
36 Zu den Geschwistern des Missionars s. o. Anm. 42, S. 68.
37 Zu Marschall von Bieberstein und seiner Ehefrau: s. o. Anm. 15, S. 94.

allem weil der Missionar nicht wollte, dass seine so schweren Mühen mit Geld entgolten würden.

[10.] Zu diesem Ekligen vor den Toren kommen andere schwere, beinahe tägliche Arbeiten: An allen Tagen nach dem Messopfer Fürbitten und eine angemessene Unterrichtung der Jugend durch Fragen und das Gesetz; an jedem Sonn- und Festtag die Predigt, eine dreifache, wenn die Liturgie Todesangst-Bruderschaft[31] ansteht; um den Johannistag[32] konkurrierten im Alltag Hochzeits- und Traueransprachen miteinander; innerhalb von neun Tagen musste elfmal vor dem mit zahlreichen Lutheranern gemischten Volk eine Ansprache gehalten werden.

[11.] Während des Weihnachtsfesttage[33] musste innerhalb von vier Tagen neunmal eine Predigt gehalten werden, wobei jedoch Gott so gnädig half, dass der Missionar keine Schwäche verspürte; sich noch nicht einmal bewusst war, dass er sich angestrengt hatte. Ein ungewöhnlicher Segen des Himmels ist die gefestigte Gesundheit des Missionars. Denn seit der Überschwemmung durch die Elbe[34] ist das Wetter hier so ungesund, dass kein Fremder hierher kommt, der nicht sozusagen seine Verwegenheit durch eine schwere und langwährende Krankheit büßt.

[12.] Doch gefiel es dem gütigen Gott, die Arbeit des Missionars mit der Konversion einiger Seelen zu belohnen. Eine, die aus einer führenden Familie hierorts einen Katholiken heiratete, missachtete alle Hindernisse und trat edel in das katholische Lager über, doch besucht sie unsere Gottesdienste bisher nur heimlich. Ihr folgte ein bekannter wie auch wohlhabender Bürger, ein Kaufmann, der, auch alles missachtend, dadurch, dass er unsere Konfession ergriff, das beste Beispiel abgibt, und worüber man staunen kann, alles Gerede, scheele Blicke, Spöttereien der hiesigen Lutheraner gering schätzend, sogar jetzt einen größeren Zustrom an Käufern hat als früher. Der dritte ist ein Jugendlicher, der zwar Sohn katholischer Eltern, doch unter den Lutheranern dort, wo kein Gottesdienst von Katholiken stattfindet, wie ein unbeschriebenes Blatt keiner Religion anhing; er wurde in den Glaubensdingen unterrichtet und empfing auf katholische Weise die heilige Kommunion.

[13.] Der gütige Gott tröstete auch seinen Priester durch große Freigebigkeit: die des ehrwürdigen und hohen Herrn Johannes Herde, des Dekans zum Kreuz in Hildesheim[35], wie die seiner leiblichen Brüder und der Schwester[36], auch des Herrn von Marschal[37], dessen gnädige Frau mit ganz mütterlicher Zuneigung um den Missionar besorgt war. Ihnen allen mögen es die Himmlischen hundertfach erstatten!

5. 6. ANNUAE MISSIONIS OTTERENDORPIENSIS 1725

[1.][K. T., Bestand Jesuiten 223, A 647/2, fol. 153v] *Meritissimo supplicio Lutheranam impietatem affecerat respublica Polona in urbe Thorunensi*[38], *cum ecce sanguineam illam ex merito iustitiam celerrima fama transfert in nostram provinciam Hadelensem*[39]*; nec transfert modo, sed simul cum mendacissimis exaggerationibus, centum calumniis, seditiosissimis commentis velut barbariem in Christianismo alienam, delicti merita plus aequo excedentem, graphice describit, hujatium animis et prope oculis obtrudit.*

[2.] *Vim addiderunt praedicantes suis dictionibus tum publicis tum privatis plebeio genti velut ipsam veritatem imprimentes aliquos fuisse morte affectos ne fatali tumultus die in urbe quidem praesentes, alios carnificis ferro obiectos, qui ligneam modo statuam papisticae idololatriae materiam manu incautiore attigerant, Lutheranum Polono obvium a crudeli Sarmata*[40] *statim arrepto acinace mactari similiaque plura. Vergebantque illuc omnia, ut concitatus ad seditionem populus poenam talionis in catholicis exerceret.*

[3.] *Fregit interim clementissimus Deus omnem periculosiorem tumultum. Copiosissimis tamen mendaciis efferatus in catholicum Lutherani animus leviori velitatione aliquot vicibus iram effudit; aliquoties enim acribus pugnis catholicum inter et acatholicum hic loci fuit decertatum, ita tamen ordinarie excepta fuit Lutherana audacia, ut in idem certamen redire non facile praesumpserit.*

[4.] *Graviori impetu incurrit vicinus territorii Bremensis ambtmannus*[41], *qui accitis ad se omnibus sui oppidi catholicis sub gravi poena inhibuit, ne quis sub ullo praetextu a catholico sacerdote papistica, ut aiebat, sacramenta susciperet, praelegens Stadensis consistorii*[42] *hac de re decretum; estque miseris nunc aut moriendum sine sacramentis aut infirmi Otterendorpium transportandi sunt, quod saepe nec morbi gravitas* [fol. 154r] *nec aurae acerbitas nec sumptuum defectus permittit.*

---

38 Zu den Thorner Ereignissen: B. Duhr: Jesuitenfabeln, S. 579. – M. Thomsen: „Das betrübte Thorn“. Daniel Ernst Jablonski und der Thorner Tumult von 1724, in: J. Bahlke, Werner Korthase (Hrsg.): Daniel Ernst Jablonski (1660–1741), S. 175.

39 Die katholische Seelsorge in Otterndorf leitete 1725 Pater Heinrich Schreiber SJ.

40 Die Sarmaten waren ein wildes Reitervolk des Altertums in den Steppen nördlich des Schwarzen Meeres. Mit diesem Vergleich wird die Obrigkeit Polens als besonders barbarisch dargestellt.

41 Johann Julius Salder (†1761) war Erster Amtmann in Neuhaus (1723–1761) im Herzogtum Bremen-Verden. – Nach B. Bei der Wieden, Staatliche Ämter, S. 214.

42 Zum Stader lutherischen Konsistorium Anm. 26, S. 98.

5. 6. DER JAHRESBERICHT DER OTTERNDORFER MISSION 1725

[1.][K. T., Bestand Jesuiten 223, A 647/2, fol. 153v] Mangelnde Ehrfurcht von Lutheranern hatte die Republik Polen in der Stadt Thorn mit einer hoch verdienten Hinrichtung vergolten[38], als, siehe da, die Kunde von der verdient blutigen Gerechtigkeit blitzschnell gerüchteweise in unsere Provinz Hadeln[39] übermittelt wurde; aber man überbrachte nicht nur die Nachricht, sondern beschrieb das Geschehen zugleich mit lügnerischen Übertreibungen, hunderten Verdrehungen, aufrührerischen Erfindungen malerisch als eine Barbarei, die dem Christentum fremd sei, über die Schwere des Vergehens mehr als angemessen hinausgehe; so stellte man das Geschehen den Hiesigen eindringlich vor Augen.

[2.] In ihren öffentlichen wie privaten Reden bauschten die Prediger die Sache noch auf, indem sie dem einfachen Volk als Wahrheit einhämmerten, einige seien mit dem Tode bestraft worden, die an dem fatalen Tage des Aufruhrs gar nicht in der Stadt gewesen seien, andere seien unter das Beil des Henkers geraten, die eine nur hölzerne Statue des papistischen Götzendienstes mit zu unvorsichtiger Hand angefasst hätten, ein Lutheraner, der einem Polen entgegen kam, sei von dem grausamen Sarmaten[40], der sofort seinen Degen zog, hingeschlachtet worden, und noch Ähnliches mehr. Alles zielte darauf, dass das zum Aufruhr aufgewiegelte Volk an den Katholiken Vergeltung üben solle.

[3.] Inzwischen brach der gütige Gott jeden Aufruhr, der gefährlicher zu werden drohte. Doch durch reichlich Lügen aufgeheizt, entlud sich manchmal nach einem leichteren Wortgeplänkel die Gesinnung eines Lutheraners gegenüber einem Katholiken in Wut. Manchmal nämlich wurde hier mit harten Fäusten zwischen einem Katholiken und einem Nichtkatholiken die Sache ausgefochten, doch gewöhnlich wurde die lutherische Frechheit so hingenommen, dass man sich nicht leicht dazu entschloss, in einen solchen Wettstreit zu verfallen.

[4.] In einem schwereren Angriff ging der benachbarte Amtmann des Bremer Landes[41] gegen die Katholiken vor. Er ließ alle Katholiken seines Städtchens zu sich kommen und verbot ihnen bei schwerer Strafe, dass keiner unter irgendeinem Vorwand von einem katholischen papistischen, wie er sagte, Priester die Sakramente empfange; er verlas ihnen nämlich das Dekret des Stader Konsistoriums[42] in dieser Sache. So müssen sie also jetzt, die Bedauernswerten, ohne Sakramente sterben oder krank nach Otterndorf gebracht werden, was oft weder die schwere Krankheit [fol. 154r] noch schlechtes Wetter noch fehlende Mittel erlaubt.

[5.] *Noster magistratus*[43] *catholicis civibus sub poena septem marcarum inhibuit funera cum catholicis ceremoniis efferre, utut integro facile decennio id factum fuerit, praesentibus aliquando omnibus totius urbis primoribus missionarii dictionem funebrem ad mortualem tumbam in domo funeris audientibus nec minimum contra ceremonias hiscentibus.*

[6.] *Idem magistratus noster iniquissimis oculis cernens nullum praeclarum civium catholicorum augmentum dicitur solemni decreto cauturus, ne quis ultra catholicus civitate donetur. Insuper seditiosa illa de Thorunensibus mendacia*[44] *duobus hujatibus impedimento fuerunt, quominus catholicae religionis sacra animose amplecterentur. Unus illorum prope ab anno integro in hunc usque diem divina nostra constanter frequentat, nec catholicum tamen se declarare publice audet. Alter omnino decreverat nostram religionem amplecti, ast id intellegens hominis Lutherana uxor excurrit velut furata Erinnhyas*[!] *in publicas plateas, eiulat, vociferatur: „Maritus meus vult fieri papista; utinam ille nequam collum frangeret! Discedam ego a perfido; abeat ille in malam crucem!“ et quae istius generis plura furor dolorque suggerebat.*

[7.] *Frequens tamen est Lutheranus in nostro sacello, praesertim ubi habenda est dictio nuptialis, ad quam centum et ultra aliquando ex ista gente confluunt. Miranturque saepe missionarii labores, ad quorum medietatem illorum praedicantes omnino deficerent. Certe dum secum reputant quindecim conciones a die divi Thomae*[45] *usque ad festum Circumcisionis*[46] *a missionario habitas praeter missas, vesperas, catechismos, publicas preces, exceptas confessiones, distributam communionem, stupent suisque praedicantibus hos missionarii labores aliquando obiciunt, dum illorum trias*[47] *ne medietatem sustineat.*

[8.] *Culinam missionarii multis donariis exhilaverunt germani missionarii fratres sororque*[48]*; sacellum hujates varii levioribus munusculis dignati sunt. Quibus omnibus centuplum retribuant caelites!*

---

43 Der Otterndorfer Stadtrat bestand 1725 aus Otto Friedrich Vollhagen dem Ersten Bürgermeister (zu ihm siehe oben Anm. 17, S. 94) und Sebastian Hackmann (1699–1759), dem Zweiten Bürgermeister (1725–1727), zu ihm unten Anm. 70, S. 116).

44 Zu den Thorner Ereignissen s. o. Anm. 37, S. 102.

45 Der Thomas-Tag des Apostels fällt auf den 21. Dezember; der Gedenktag für Thomas Beckett fällt auf den 29. Dezember.

46 Das Fest der Beschneidung des Herrn fiel klassisch auf den 1. Januar.

47 In Otterndorf gab es nach der Reformation drei Pastorenstellen: Zur ihrer Besetzung siehe oben Anm. 6, S. 92.

48 Zu den Geschwistern des Missionars s. o. Anm. 42, S. 68.

[5.] Unser Magistrat[43] verbot den katholischen Bürgern bei Strafe von sieben Mark, Verstorbene mit katholischen Zeremonien zu Grabe zu tragen, wie es vielleicht ganze zehn Jahre lang geschehen war, als manchmal alle führenden Leute der ganzen Stadt am Sarg im Haus des Verstorbenen die Leichenrede des Missionars hörten und überhaupt nichts gegen die Zeremonien hatten.

[6.] Derselbe Magistrat hier bei uns, der mit scheelen Augen die herrliche Vermehrung der katholischen Bürger sah, soll gesagt haben, er werde durch ein feierliches Dekret dafür sorgen, dass keinem Katholiken in Zukunft das Bürgerrecht gewährt werde. Darüberhinaus verhinderten die aufrührerischen Lügen über die Thorner Geschehnisse[44], dass zwei Hiesige sich beherzt der katholischen Konfession zuwandten. Der eine von ihnen besucht beständig seit einem ganzen Jahr bis zum heutigen Tage unsere Gottesdienste, doch wagt er nicht, sich öffentlich als Katholik zu erklären. Der andere hatte sich fest entschlossen, unsere Konfession zu ergreifen; aber als die lutherische Frau des Mannes dies bemerkte, lief sie wutentbrannt wie eine Furie durch die öffentlichen Straßen, kreischte und schrie: „Mein Mann will Papist werden; möchte sich doch jener Nichtsnutz den Hals brechen! Ich werde mich von dem Treulosen trennen; zum Henker mit ihm!" und was ihr noch mehr dieser Art Wut und Schmerz eingaben.

[7.] Trotzdem sind häufig Lutheraner in unserer Kapelle, besonders wenn eine Hochzeitsansprache gehalten werden muss, zu der manchmal hundert und mehr von diesen Leuten zusammenströmen. Und oft staunen sie über die Arbeit des Missionars, die zur Hälfte zu erledigen ihre Prediger im Großen und Ganzen scheitern. Gewiss, wenn sie bei sich nachrechnen, dass fünfzehn Predigten vom Tag des heiligen Thomas[45] bis zum Fest Beschneidung[46] vom Missionar gehalten wurden, außer den Messen, Vespern, Katechesen, öffentlichen Gebetsandachten, dem Beichthören und der Kommunionspendung, dann staunen sie und halten manchmal ihren Predigern die Arbeiten des Missionars vor, da drei[47] von ihnen nicht einmal die Hälfte leisteten.

[8.] Die Küche des Missionars erfreuten die leiblichen Brüder und die Schwester des Missionars[48] mit vielen Gaben; die Kapelle würdigten verschiedene Hiesige mit kleineren Geschenken. Ihnen allen mögen es die Himmlischen hundertfach erstatten!

5. 7. ANNUAE MISSIONIS OTTERENDORPIENSIS 1726

[1.][K. T., Bestand Jesuiten 223, A 647/2, fol. 198r] *Missionem Caesareocastrensem Otterendorpii in Hadelia anno 1726 obiit unus de societate, sed non idem missionarius*[49]*; veterano enim circa mediam aestatem per oboedientiam evocato iunior e vicino fortunae fanum (Gluckstadium vocant) accersitus successit*[50]*.*

[2.] *Multam priori invidiam inter alia causavit apud hujates Lutheranos ludimagistri*[51] *fervor indiscretus, quando ille ex catechismo catholico Monasterii Westphaliae anno 1720 typis procuso*[52] *ea, patre missionario non praemonito, calamo excerpsit et parvulis, ut memoriae mandata in catechetica instructione publice pronuntiarent, scripto dedit, quae de falsa ecclesia Lutheranorum a folio 46 per plures doctrinas disseruntur. Postquam enim haec scripta in variorum subinde et verbi ministrorum etiam manus devenerunt, pro* [fol. 198v] *calumniosis scediasmatibus accepta et a patre missionario profecta credita sunt. Inde indignatio et fremitus in illum non in plebe tantum, sed et in Hadeliae statibus seu schultetis*[53]*, qui querelas desuper et aliis alio detulerunt.*

[3.] *Laborat posterior, ex quo hic est, animos a multo tempore abs catholicis alienatos humanitate demereri, et adiuvante Deo huc rem promovit hactenus, ut non modo primarii quique de doctrina Lutheri ipsum colant et observent in privatis congressibus, sed de plebe omnes ad pueros usque per publicum euntem honore multo praeveniant, ministri etiam fidei heterodoxae sive patris missionarii exemplo suaviter inducti sive verbis eiusdem et humanis commonitionibus persuasi ab insectanda, quod alias frequenter fecerant, re catholica iam plane abstineant. Catholicis interim, quod in instructione necessaria hinc inde deesse notatum fuit, per catecheses et conciones sufficienter administratum est.*

49 Die katholische Seelsorge in Otterndorf übernahm 1726 Pater Leonhard Pfeilsticker SJ, Missionar in Hadamar (?–1724), Missionar in Glückstadt (1724–1726), Missionar in Otterndorf (1726–1731).

50 Der bisherige Otterndorfer Missionar Pater Heinrich Schreiber SJ wurde 1726 vorübergehend nach Glückstadt und 1728 weiter nach Münster versetzt.

51 Die katholische Elementarschule wurde also von einem Schulmeister betreut. – Im Otterndorfer Bürgerbuch, hrsg. von R. Tiensch, ist mit Johann Niclas Siebern ein Otterndorfer Schulmeister verzeichnet, Nr. 2175, S. 248, der 1728 Urfehde schwören musste und kurz danach „aus Otterndorf verzogen sein dürfte".

52 Bei der Neuausgabe des katholischen Katechismus, die 1720 in Münster veröffentlicht worden war, handelt es sich vermutlich um: Kleiner Cathechimus Petri Canisii, Societatis Jesu, der Heiligen Schrift doctors, für die gemeine layen und junge kinder beschriben, Augspurg 1724 [in ähnlicher Form in Münster herausgegeben].

53 Matthias Thamm (*1683, †1734) war Schultheiß in Altenbruch (1720–1734). – Uwe Timm: Hadler Kirchspielsleute, S. 439.

5. 7. DER JAHRESBERICHT DER OTTERNDORFER MISSION 1726

[1.][K. T., Bestand Jesuiten 223, A 647/2, fol. 198r] Die kaiserliche Feldmission in Otterndorf in Hadeln betreute im Jahr 1726 ein Missionar aus der Gesellschaft, aber nicht derselbe[49]; als nämlich in der Mitte des Sommers der Altgediente im Gehorsam abberufen wurde[50], trat ein jüngerer, aus dem benachbarten Heiligtum des Glücks (man nennt es Glückstadt) geholt, seine Nachfolge an.

[2.] Viel Missgunst auf den früheren Missionar erweckte unter anderem bei den hiesigen Lutheranern der indiskrete Übereifer des Schulmeisters[51]. Er exzerpierte verschiedene Lehrsätze über die falsche Kirche der Lutheraner aus dem katholischen Katechismus, der 1720 in Münster in Westfalen gedruckt worden war[52], von Seite 46 an, ohne es mit dem Pater Missionar abgesprochen zu haben. Dann gab er den Kindern auf, den Text abzuschreiben, damit sie ihn auswendig lernten und in der katechetischen Belehrung öffentlich aufsagten. Denn nachdem diese Sätze in die Hände verschiedener und auch der Diener des Wortes geraten waren, verstand man sie als [fol. 198v] verleumderisches Gekritzel und schob sie dem Pater Missionar in die Schuhe. Deswegen erhob sich Empörung gegen ihn und Gerede nicht nur beim Volk, sondern auch bei den Ständen oder den Schulten (Schultheißen) in Hadeln[53], die darüber klagten und es auch anderen anderswohin weitermeldeten.

[3.] Seitdem sein Nachfolger hier ist, arbeitet er daran, mit Freundlichkeit die Zuneigung der Einwohner, die sich den Katholiken seit langer Zeit entfremdet hatten, wieder zu gewinnen; und mit Hilfe Gottes gelang es ihm bisher insoweit, dass nicht nur die führenden Leute und die von der Lehre Luthers ihn ehren und auf privaten Treffen sehen wollen, sondern auch die einfachen Leute einschließlich der Kinder ihm, wenn er über die Straßen geht, mit ehrenvollem Gruß zuvorkommen, die Diener des anderen Glaubens sogar, sei es durch das Vorbild des Pater Missionars sanft veranlasst, sei es durch seine Worte und freundliche Bemerkungen überzeugt, von der Hetze auf die katholische Sache gänzlich ablassen, was sie sonst häufig getan hatten.

[4.] *Neque in vicinia Bremensi infirmi neglecti. Quamquam enim ante annum et amplius a regimine et consistorio acatholico Stadensi Neuhusium (uno milliari hinc distat) ad satrapam loci*[54] *mandatum datum sit, ne in satrapia sua permittat missionario catholicis etiam morituris sacramenta ministrare, clam tamen morienti a patre evocato viaticum porrectum fuit; quod tanto fidentius agere poterat, quia ex satrapa, cum ipsum alias officii et honoris causa primum convenisset, ultro inaudierat inhibitum sibi, ne in satrapia sibi concredita concederet sacra ritu catholico incolis orthodoxis ministrari, non obstiturum tamen, si, ubi vellet, pater missionarius catholicos viseret, quasi moneret, ut strepitus tantum vitaretur, cum quo alias non semel res acta fuerat.*

[5.] *Faxit Deus, ut missionario in loco plurimum insalubri constans valetudo et missioni a vicinis Luneburgicis in Bremensi episcopatu longa et diuturna pax obveniat*[55]*; fructus hic loci res catholica ampliores capere poterit.*

5. 8 Annuae missionis Otterendorpiensis 1727

[1.][K. T., Bestand Jesuiten 223, A 647/3, fol. 269r]*(13. Febr. quando annuae per provinciam transmittendae iam descriptae erant, sequentes necdum allatae erant) Missionem Caesareo-castrensem Otterendorpii obiit anno 1727 unus, qui anno lapso ad eam accessit de societate missionarius*[56]*. Laborandum illi praeprimis fuit, ut non paucos in paucis, qui hic loci sunt, catholicis fidei et morum praeceptis minus bene instructos melius instrueret et formaret.*

---

54 Johann Julius Salder (†1761) war Erster Beamter in Neuhaus (1723 als Amtmann, seit 1731 als Oberamtmann bis 1761); Otto Conrad Niemeyer war Zweiter Beamter bzw. Amtsschreiber (ab 1719). – Nach: B. Bei der Wieden, Staatliche Ämter, Gerichte und Beamten, S. 214.

55 Für den Missionar scheint die Ursache mancher Agitation gegen die Katholiken im Ehrgeiz der Braunschweig-Lüneburger Herzöge zu liegen, die Landschaft Hadeln zu erwerben.

56 Die katholische Seelsorge in Otterndorf versah seit 1726 Pater Leonhard Pfeilsticker SJ. – Zu ihm siehe Anhang 7. 2., S. 127.

[4.] Auch in der Bremer Nachbarschaft kümmerte man sich um die Kranken. Denn vor einem Jahr und noch länger her war von der Regierung und dem nichtkatholischen Konsistorium in Stade dem Amtmann in Neuhaus[54] (eine Meile von hier entfernt) das Mandat erteilt worden, dem Missionar in seinem Bereich nicht zu erlauben, Katholiken, sogar Sterbenden, die Sakramente zu spenden. Dennoch wurde einem Sterbenden von dem Pater, den er gerufen hatte, heimlich die Wegzehrung gereicht. Das konnte er umso zuversichtlicher tun, weil er herausgehört hatte, als er den Amtmann zum ersten Mal von Amts und der Ehre wegen aufgesucht hatte, dieser werde nicht einschreiten. Diesem sei es nämlich versagt worden, in dem ihm anvertrauten Bereich zu gestatten, dass den rechtgläubigen Einwohnern nach katholischem Ritus die Sakramente gespendet würden. Dem Missionar schien es, als ob der Amtmann mahnend sagen wollte, bei den Gelegenheiten solle der Pater Missionar, wenn er Katholiken besuche, wo er auch wolle, nur lautes Gerede darüber vermeiden. Damit war es auch sonst nicht nur einmal geschehen.

[5.] Gebe Gott, dass dem Missionar an dem sehr ungesunden Ort beständige Gesundheit und der Mission von Seiten der benachbarten Lüneburger im Bremer Bistum lang dauernder Friede zuteil wird[55]; dann wird die katholische Sache hierorts reichere Frucht ernten können.

5. 8. DER JAHRESBERICHT DER OTTERNDORFER MISSION 1727

[1.][K. T., Bestand Jesuiten 223, A 647/3, fol. 269r] (Am 13. Februar, als die Jahresberichte, die in die Provinz verschickt werden sollten, schon abgeschrieben waren, war der folgende Bericht noch nicht eingetroffen.) Die kaiserliche Feldmission in Otterndorf betreute im Jahre 1727 ein Missionar von der Gesellschaft[56], der im verflossenen Jahr dorthin gekommen war. Vor allem musste er daran arbeiten, die nicht wenigen, in den Glaubens- und Sittenvorschriften weniger gut unterrichteten Katholiken unter den wenigen hierorts besser zu unterrichten und zu formen.

[2.] *Fuit inter hosce, salva-guardia ut vocant Caesarea, miles annos iam viginti et aliquot natus, qui genitus parentibus Lutheranis in Frisia orientali tam tenuiter vel ipsis fidei rudimentis imbutus erat, ut neque, si fuisset Christus et quis ille qualisque foret, didicisset. Hunc pater missionarius non sine multa et laboriosa instructione eo deinceps promovit, ut accenseri catholicis mereretur et ad sacramenta poenitentiae et eucharistiae admitti posset.*

[3.] *Curavit adhaec missionarius decorem sacelli, qui hactenus in parte plurima iacuerat, tum ex impensis annuis imperialium 40, quae pro sacelli necessitatibus subministrantur* [fol. 269v], *tum ex oblatis a liber[ali]tate variorum catholicorum; quos inter erat, qui moriens Neuhusii, in oppido nobis vicino*[57], *sacello legavit imperiales duodecim, ab uxore Lutherana missionario legati huius ignaro ultra solutos. Altaris pars superior nova facta et pensili tecto coloribus picto sericoque caerulei coloris undique circumducto ornata novam formam induit.*

[4.] *Antipendia altaris nova eaque elegantia duo curata, casulae, praeter refectas intusque de novo vestitas, novae tres; lampas et candelabra quatuor aenea eleganter elaborata, ut varia alia taceantur, quae ad altaris ornatum et ad supellectilis templi augendum decorem adiecta sunt.*

[5.] *In hisce curis et laboribus dum mensis Augusti initio a familia nobili catholica sacramentorum causa in Bremensem ducatum missionarius evocatur, maligna febri ex vehementia aestivi caloris corripitur, quae pridie sancti Laurentii*[58] *reducem domum usque ad natae Virginis*[59], *et accedente deinde recidiva usque ad festum sancti Borgiae*[60] *maxima parte lecto affixum tenuit, relicto foris frigido, exsangui ac prope demortuo corpore, tanto vehementius ad intra saeviens; in quo morbo hoc praeprimis molestum ac difficile missionario fuit, quod ad infirmos minus ad aegros, ut sacramenta ministraret, cum ire ac vix stare pedes non posset, rheda vehi deberet, donec e vicino Gluckstadio suppetias unus de societate afferret*[61].

---

57 Zum Städtchen und Schloss Neuhaus: Männer vom Morgenstern (Hrsg.): Dat Nygehus, Neuhaus 1981. – Zu den niederländischen Arbeitsmigranten, v. a. den Brabanter Kesselschlägern: J. Mertens: Handel en wandel van de teuten in Duitse gewesten, Lommel 1995, S. 64 f., S. 211.

58 Der Laurentiustag fällt auf den 10. August.

59 Das Fest Mariae Geburt fällt auf den 8. September.

60 Das Fest des heiligen Francisco de Borjia (1510–1572) fällt auf den 10. Oktober.

61 Siehe C. Flucke: Die *annuae litterae* … von Glückstadt zum Jahre 1727 [2.], S. 490 f.: *Excurrendum pariter fuit binis vicibus in patriam Hadelensem, ubi grex catholicus, decumbente ibidem ad longum tempus pastore, omni destitutus auxilio unius operam imploraverat, …* - „In gleicher Weise musste man zweimal in das Land Hadeln reisen, wo die katholische Herde, da der Hirt dort für lange Zeit bettlägerig war, ohne jede Hilfe war und um das Wirken von einem gefleht hatte“. Es bleibt offen, ob es Pater Heinrich Schreiber oder Pater Franziskus Bonrath war, der reiste.

[2.] Unter diesen war ein Soldat aus der kaiserlichen, wie man sagt, Leibgarde, schon zwanzig und einige Jahre alt. Er, Sohn lutherischer Eltern in Ostfriesland, war so wenig sogar mit den Glaubensgrundlagen vertraut gemacht worden, dass er nicht einmal gelernt hatte, ob es einen Christus gegeben habe und wer und was für einer er sei. Ihn brachte der Pater Missionar erst in langem und mühseligem Unterricht dann so weit, dass er den Katholiken zugerechnet zu werden verdiente und zu den Sakramenten der Buße und Eucharistie zugelassen werden konnte.

[3.] Dazu sorgte der Missionar für den bisher größtenteils vernachlässigten Schmuck der Kapelle, teils aus der jährlichen Zahlung von 40 Reichstalern, die für die Belange der Kapelle bereitgestellt werden [fol. 269v], teils aus den Spenden verschiedener freigebiger Katholiken. Unter diesen war einer, der bei seinem Tod in Neuhaus, unserem Nachbarstädtchen[57], der Kapelle zwölf Reichstaler vermachte, die dem Missionar, der von diesem Vermächtnis nichts wusste, von seiner lutherischen Frau ausgezahlt wurden. Der obere Teil des Altares wurde erneuert und durch ein hängendes, mit Farben bemaltes und ringsum mit Seidentuch von blauer Farbe bezogenes Dach ausgeschmückt, sodass er ein neues Aussehen erhielt.

[4.] Zwei neue und elegante Altartücher wurden besorgt, drei neue Messgewänder außer denen, die aufgearbeitet und neu gefüttert wurden. Dazu kamen eine Lampe und vier elegant gefertigte, bronzene Kerzenständer, um über weiteres zu schweigen, was zum Schmuck des Altares und der Steigerung des Glanzes der Kirchenausstattung hinzukam.

[5.] Als der Missionar während dieser Besorgungen und Arbeiten Anfang August von einer adeligen katholischen Familie der Sakramente wegen in das Herzogtum Bremen gerufen wurde, wurde er infolge der Heftigkeit der Sommerhitze von einem bösartigen Fieber gepackt, das ihn vom Vortag des heiligen Laurentius[58], als er nach Hause zurückkam, bis zu Mariä Geburt[59] und dann wiederkehrend erneut bis zum Fest des heiligen Borgia[60], größtenteils ans Bett gefesselt, festhielt. Dabei fühlte sich sein Körper äußerlich kalt, blutlos und beinahe abgestorben an, innerlich aber wütete das Fieber umso heftiger. Während dieser Krankheit empfand es der Missionar als besonders lästig und schwierig, dass er, um den Schwachen, weniger den Kranken, die Sakramente zu spenden, mit dem Wagen fahren musste. Denn er konnte nicht laufen und kaum auf den Füßen stehen, bis ihm endlich einer von der Gesellschaft aus dem benachbarten Glückstadt Beistand leistete[61].

[6.] Schließlich wiederhergestellt hofft er auf desto stabilere Gesundheit, je gefährlicher die Krankheit war, von der er an diesem ungesunden Ort heimgesucht worden war. Er hat voll Vertrauen auf den Schutz der Heiligen, deren Fürsprache er die Wiedergewinnung seiner Gesundheit mehr zurechnet als der Kunst und dem Einsatz des Arztes.

[6.] *Restitutus denique sibi sanitatem sperat tanto firmiorem, quanto periculosiore morbo primum illa in hoc insalubri loco tentata fuit, confisus patrocinio sanctorum, quorum suffragiis recuperatam sanitatem magis quam arti et industria medici attribuit.*

5. 9. Annuae missionis Otterendorpiensis in Hadelia 1728

[1.][K. T., Bestand Jesuiten 223, A 647/3, fol. 310v] *Anno 1728 missionem Otterendorpii in Hadelia (satrapia est ducum Saxo-Lawenburgicorum, sequestro Caesareo a multis annis subiecta) excoluit missionarius de societate unus*[62]*, qui ex diuturno et periculoso prioris anni morbo vix confirmatus ad anni praesentis exordium ex labore concurrentium plurium festorum Natalitiorum et tolerato multo rigore frigoris triplici malo vertiginis capitis, deiectionis stomachi et febris quotidianae una appetitus fuit, et certo prostratus fuisset, nisi opportunis remediis novo periculo in tempore occurrisset.*

[2.] *Restitutus sibi eo primum incubuit, ut ignar<u>[o]s rudimentorum fidei pueros non tantum cum adultis in publico catechismo, sed privatim etiam in* [fol. 311r] *domo habitationis doctrinae christianae dogmatibus successive alios et alios bene formaret, eosque praeprimis, qui adolescentiores essent, ad recipiendam prima vice sanctam eucharistiam disponeret; quod tanto fecit impensius, quia praevertendas hac arte iudicavit sectariorum hujatium insidias, quibus pueros et puellas post alterutriusque parentis catholici mortem appetere et facta spe alimentationis ad suum dogma allicere solent. At rarius quidquam proficiunt in iis, qui semel bene formati sacram synaxin perceperunt.*

[3.] *Fuit recenter, cum furtim et ex occulto aliquid simile attentaverunt (ante aliquot annos idem aperte et cum violentia prope aggressi) inducentes parentem catholicum uxori acatholicae superstitem, ut praeter duos parvulos filiolum tertium paulo prioribus aetate maiorem sibi et nutriendum et ad suam sectam formandum extraderet.*

62 Die katholische Seelsorge in Otterndorf versah 1728 weiterhin Pater Leonhard Pfeilsticker SJ. – Zu ihm siehe Anhang 7.2., S. 127.

5. 9. DER JAHRESBERICHT DER OTTERNDORFER MISSION IN HADELN 1728

[1.][K. T., Bestand Jesuiten 223, A 647/3, fol. 310v] Im Jahre 1728 betreute die Mission in Otterndorf in Hadeln (es ist ein Amtsbereich der Herzöge von Sachsen-Lauenburg, dem kaiserlichen Sequester seit vielen Jahren unterworfen) ein Missionar aus der Gesellschaft[62]. Kaum wieder in voller Kraft seit der langen und gefährlichen Krankheit des vorherigen Jahres, wurde er zu Beginn des jetzigen Jahres infolge der Strapazen der vielen zusammenfallenden Weihnachtsfeiertage und des Ertragens von strenger Kälte erneut von einem dreifachen Übel befallen, zusammen von Schwindel, Erbrechen und täglichem Fieber; und er wäre sicherlich zusammengebrochen, wenn er nicht rechtzeitig mit passenden Heilmitteln der neuen Gefahr entgegengetreten wäre.

[2.] Wiederhergestellt konzentrierte er sich zuerst darauf, die Kinder, die die Glaubensgrundlagen noch nicht kannten, nicht nur mit den Erwachsenen in der öffentlichen Katechese, sondern auch privat in [fol. 311r] seinem Wohnhause gruppenweise gut auszubilden. Er bereitete besonders die weiter Herangewachsenen zum erstmaligen Empfang der heiligen Eucharistie vor. Darum bemühte er sich umso intensiver, weil er damit seiner Meinung nach den Nachstellungen der hiesigen Sektierer zuvorkommen konnte, mit denen sie gewöhnlich Jungen und Mädchen nach dem Tod eines katholischen Elternteils bedrängen und mit dem Versprechen auf Unterhalt zu ihrer Lehre locken. Seltener jedoch haben sie bei denen Erfolg, die nach guter Ausbildung die heilige Kommunion empfangen haben.

[3.] So geschah es kürzlich, als sie geheim und unbemerkt etwas Ähnliches in Gang setzten (vor einigen Jahren waren sie in derselbem Sache offen und fast mit Gewalt vorgegangen), indem sie einen katholischen Vater, der seine nichtkatholische Ehefrau überlebt hatte, verleiteten, außer zwei kleinen das dritte, etwas ältere Söhnchen ihnen zum Unterhalt und zur Formung in ihrer Sekte herauszugeben.

[4.] *Querelas desuper Hamburgi apud illustrissimum commissarium Caesareum missionarius, ut rem cognovit, per litteras deposuit et rei indignitatem gographio novo (alii vicarium principis Stathalterum nominant)*[63] *ex aula Viennensi huc misso verbis amicis coram explicavit, qui, licet acatholicus, praeter omnem benevolentiam promisit patri missionario se in rem tacite inquisiturum et ordinaturum, quae pro pace et securitate hujatis rei catholicae futura sint cum adiecto dicto: „Etsi non sim religionis catholicae, scio tamen et memini me ministrare Augustissimo monarchae, qui catholicus est, qui non cupit rem catholicam per iniuriam peti in loco, ubi gratiam sequestratoris clementissimi incolis praestare dignatur." Unde spem sibi missionarius facit fore, ut proxime non tantum hoc detrimentum resarciatur, sed in futurum etiam omni iniquissimo attentato occurratur.*

[5.] *Laboravit deinde missionarius eo maxime, ut multos in brevi populo languidos et christianae rei subinde minus studiosos amicis alloquiis et explicatis ex ambone ad motum et instructionem gravibus christianae legis veritatibus excitaret inque melius impelleret. Quem in finem etiam comparatae fuerunt exhortationes agoniae patientis Christi*[64]*, quae constanter hic loci frequentari pergit.*

[6.] *Non fuit neglectus interim sacelli ornatus, ad quem accessit casula ex holoserico viridis nova cum t[a]eneis ex argento probato; et alba itidem nova ex elegante tela linea, itemque t[a]eneae fili linei amplae latitudinis et elegantis laboris ad superpelliceum unum, praeter varia alia minora, quibus* [fol. 311v] *supellex linea aucta fuit.*

[7.] *Iura denique duplicia missionis strenue defendit et ab invasoribus vendicavit missionarius; unum ad habitationem in administratoris telonii viri catholici domo*[65]*, ubi sacellum est, violatum temere occasione morbi, quo missionarius prostratus decumbebat, alterum ad immunitatem pecuniae ad censum ordinarium expositae a contributionibus per consulem loci acatholicum petitis ac prope vi a debitore patris exactae.*

63 Johann Adolf Graf von Metsch war kaiserlicher Sequestrationskommissar in Hadeln. – Zu ihm siehe oben Anm. 3, S. 88. – Georg Wilhelm von Höpke war neuer Gräfe und damit kaiserlicher Verwalter vor Ort (1728–1731). – Angabe nach: Chronik des Landes Hadeln, S. 452. – B. Bei der Wieden, Staatliche Ämter, Gerichte und Beamte, S. 217.

64 Zur Otterndorfer Todesangst-Bruderschaft siehe oben Anm. 5, S. 38.

65 Handelt es sich tatsächlich um Jacob Rademacher (getauft 1683, †1762)? Sein Haus lag in der Dammstraße. – Zu ihm: Tientsch, Bürgerbuch der Stadt Otterndorf, Nr. 1857, S. 179; nach diesem war er Kontributionseinnehmer seit 1716 (offenbar nach dem Gastwirt Jürgen Schmidt: Zu diesem s. o. Anm. 52, S. 69).

[4.] Darüber beklagte sich der Missionar brieflich in Hamburg beim kaiserlichen Kommissar, damit er von der Sache Kenntnis nehme, und legte vor dem neuen Gaugrafen (andere nennen ihn als Vertreter des Fürsten Statthalter)[63], der vom Wiener Hof hierher entsandt war, die empörende Sache in freundlichen Worten dar. Obwohl nichtkatholisch, versprach er neben allem Wohlwollen dem Pater Missionar, er werde in dieser Sache eine geheime Untersuchung anstellen und anordnen, was dem Frieden und der Sicherheit der hiesigen katholischen Sache dienen werde. Hinzu fügte er: „Wenn ich auch nicht von katholischer Religion bin, so weiß ich doch und bin mir bewusst, einem erhabenen Monarchen zu dienen, der katholisch ist. Der Monarch wünscht nicht, dass die katholische Sache rechtswidrig an einem Ort angegriffen wird, wo er sich herablässt, den Einwohnern die Gnade eines milden Sequesters zu erweisen". So ist der Missionar der Hoffnung, dass demnächst dieser Schaden nicht nur ersetzt, sondern auch für die Zukunft jedem ungerechten Angriff entgegengetreten wird.

[5.] Darauf bemühte sich der Missionar umso mehr, viele aufzurütteln, die in der kleinen Gemeinde träge waren und sich weniger eifrig für die christliche Sache einsetzten. Er sprach ihnen von der Kanzel freundlich zu und weckte sie auf, indem er sie unterrichtete und ihnen die gewichtigen Wahrheiten der christlichen Gebote darlegte, und trieb sie zum Besseren an. Zu diesem Zweck wurden auch Ansprachen für die Todesangst-Bruderschaft[64] gehalten, die hier beständig weiter besucht werden.

[6.] Weiterhin wurde nicht die Ausstattung der Kapelle vernachlässigt; zu ihr kam ein neues grünes Messgewand mit einem Verschluss aus geprüften Silber hinzu; auch eine neue Albe aus ausgewähltem Leinengewebe, ebenso Binden aus Leinenfaden zu einem Chormantel von großer Breite und von hervorragender Arbeit, weiterhin andere verschiedene kleinere Sachen, mit denen [fol. 311v] die Ausstattung an Leinentüchern vermehrt wurde.

[7.] Schließlich verteidigte der Missionar machtvoll zwei Rechte der Mission und entzog sie ihren Bestreitern: Ein Recht bezüglich seiner Wohnung im Haus des Zollverwalters[65], eines Katholiken, wo die Kapelle ist, das eigenmächtig gelegentlich der Krankheit verletzt worden war, als der Missionar krank im Bette lag; das andere Recht bezüglich der Befreiung von einer Geldzahlung, die zum üblichen Zins von den durch den hiesigen nichtkatholischen Bürgermeister geforderten Beiträgen ausgelegt und fast mit Gewalt vom Gläubiger des Paters eingetrieben worden war.

[8.] In dieser Sache wurde eine doppelte Anordnung des Grafen von Metsch, des kaiserlichen Kommissars in Hadeln[65], erreicht; die erste, dass zur Wohnung des Paters wiederum ein doppeltes Zimmer, wie es einst war, im besagten Haus des Zolleinnehmers zugestanden werden müsse, die zweite, dass Zahlungen des Missionars von jeder Eintreibung ausgenom-

[8.] *Impetrata in hanc rem duplex iussio illustrissimi comitis de Metsch, commissarii in Hadelia Caesarei*[66]*; prima, ut in habitationem patris duplex conclave, ut fuerat olim, in dicta domo telonii curatoris iterum cederetur, altera, ut census missionarii ab omni exactione liberi forent. Movit quidem multo tempore varia contra missionarium indignans telonarius, sed cum patris constantia, tum imperiis altioribus compressus cedere debuit.*

[9.] *Benefactorem non habet missio, nisi Augustissimum Caesarem*[67] , *qui annuum stipendium constanter solvi facit. Benignissimus Deus illi et hic et postea benedicere dignetur!*

5. 10. ANNUAE MISSIONIS OTTERENDORPIENSIS 1729

[1.][K. T., Bestand Jesuiten 223, A 647/3, fol. 378r] *Speraverat quidem missionarius*[68]*, qui Otterendorpium in Hadelia pro more unus missionem exercuit, fore, ut controversia occasione trium parvulorum a tempello catholico ad scholas et templum heterodoxorum clancularie abstractorum sub finem prioris anni exorta feliciter terminaretur et iuberentur acatholici pastor*[69] *et consul*[70] *dictos parvulos priori libertati restituere.*

[2.] Sed ipse parvulorum pater rem totam perdidit, quando, brevis lucelli quam salutis propriae et suorum amantior, omnem in se rei invidiam a Lutheranis persuasus suscepit dicens se (cum aliud ante fassus esset) motu ductuque proprio filios et filiam parvulos in scola Lutheri educandos extradidisse; qua super temeritate a Deo punitus errantes suos in errore a fide salvifica deficiendo ultro ipse secutus est.

[3.] *Non obfuit tamen, quod pater missionarius in dicta causa se Lutheranis opposuerit; et factum deinde sub aestatem illustrissimo comiti de Metsch, commissario Caesareo*[71]*, cum in Hadelia esset, coram explicavit rogando, ut in futurum saltem iuberentur pastor acatholicus et consul suis attendere et relinquere catholicos maxime parvulos curae patris missionarii. Ex eo enim tempore circumspectiores non tantum non sollicitant, sed neque, si ex languidioribus quis filios nutritionis causa offerat (ut factum semel intellexit pater) recipere oblatos praesumunt.*

---

66 Zu Johann Adolf Graf von Metsch, den kaiserlichen Sequestrationskommissar siehe oben Anm. 3, S. 90.

67 Karl VI. (1685–1740) war römisch-deutscher Kaiser (1711–1740). – Zu ihm s. o. Anm. 1, S. 38.

68 Die katholische Seelsorge in Otterndorf leitete 1729 Pater Leonhard Pfeilsticker SJ. – Zu ihm siehe Anhang 7.2., S. 127.

69 Zu den drei lutherischen Pastoren in Otterndorf siehe oben Anm. 6, S. 92.

70 Sebastian Hackmann (1699–1759) war 1729 Otterndorfs Bürgermeister (1717–1759). – Nach: U. Timm, Hadler Kirchspielsleute, S. 239.

71 Johann Adolf Graf von Metsch war kaiserlicher Sequestrationskommissar. – Zu ihm siehe oben Anm. 3, S. 90.

men seien. Empört setzte zwar der Zolleinnehmer eine beträchtliche Zeitlang Verschiedenes gegen den Missionar in Bewegung, aber einerseits durch die Standhaftigkeit des Paters, andererseits besonders durch höhere Befehle überwunden, musste er nachgeben.

[9.] Zum Wohltäter hat die Mission nur den erhabenen Kaiser[66], der den jährlichen Sold beständig auszahlen lässt. Der gütige Gott möge ihn hier und später segnen!

5. 10. DER JAHRESBERICHT DER OTTERNDORFER MISSION 1729

[1.][K. T., Bestand Jesuiten 223, A 647/3, fol. 378r] Üblicherweise betreute ein Missionar[68] in Otterndorf in Hadeln die Mission. Ende des vorherigen Jahres war eine Streitsache ausgebrochen, weil drei Kinder dem katholischen Kirchlein entzogen und heimlich zur Schule und zur Kirche der Andersgläubigen gebracht worden waren. Der Missionar hatte nun zwar gehofft, dass diese Sache glücklich beendet werde und dem Pastor[69] und Bürgermeister[70], beides Nichtkatholiken, befohlen würde, den besagten Kindern die frühere Freiheit wiederzugeben.

[2.] Aber der Vater der Kinder selbst vereitelte die ganze Sache, als er eher nach einem kurzem Gewinn als nach seinem eigenen und seiner Kinder Heil strebte. Von den Lutheranern überredet, nahm er alle Missgunst wegen der Sache auf sich und erkärte, (obwohl er sich vorher anders geäußert hatte) aus eigenem Antrieb seine kleinen Söhne und die Tochter der lutherischen Schule zur Erziehung überlassen zu haben. Wegen dieser Vermessenheit von Gott bestraft, folgte er sogar seinen in die Irrlehre Verirrten, indem er selbst vom heilbringenden Glauben abfiel.

[3.] Doch das hinderte den Pater Missionar nicht, sich in der besagten Sache den Lutheranern entgegenzustellen. Als der Graf von Metsch, der kaiserliche Kommissar[71], im Sommer in Hadeln war, legte er ihm das Vorgefallene dar mit den Bitte, dass dem nichtkatholischen Pastor und Bürgermeister befohlen werde, sich wenigstens in Zukunft um ihre Leute zu kümmern und die Katholiken, besonders die Kinder, der Fürsorge des Pater Missionars zu überlassen. Seit dieser Zeit sind sie vorsichtiger geworden. Denn sie fordern dazu nicht mehr nicht auf, sondern maßen es sich nicht einmal mehr an, wenn einer von den laueren Katholiken seine Söhne des Unterhalt wegen ihnen anbietet, sie aufzunehmen (welches Vorkommnis der Pater einmal hatte erfahren müssen).

[4.] *Interim missionarius sectariorum fraudulentiae in huiusmodi re non fidit in toto, sed cum videretur offerenda occasio, qua post mortem decurionis catholici uxorem eius Lutheranam spe ordinariae alimentationis sollicitarent, ut duos parvulos catholice educatos ad sectam Lutheranam deinde educaret, moriturum parentem sollicite admonuit, ut coniugem superstitem adhortaretur, ne filios aliter, quam formati essent, informari permitteret. Quod ille non modo fecit, cum halitum aegre traheret, sed ita egit efficaciter, ut Lutherana mulier post coniugis catholici mortem etiam ipsa morbo gravi correpta, dum coenam suam acceptura a Lutherano pastore astringeretur ad parvulos Lutheranis educandos deinceps dandos, non tantum non consenserit, sed statim etiam ab abitu Lutherani patrem missionarium* [fol. 378v] *advocari voluerit eique suos, si moreretur, commendavit cum adiuncto: non dubitare se proles suas in fide bona hactenus educatos esse, in qua optet illas constanter adolescere, vivere et mori.*

[5.] *Fuit et aliud, quod patri missionario non parvum laborem causavit: officialium aliquot de salvaguardia catholicorum luxuria, quae eo excrevit, ut a Lutheranis publice digito monstrarentur. Cum neque privatis monitis neque publicis vitiorum increpationibus apud homines effrontes et suae famae prostitutores aliquid magnum pater promovere se posse cerneret, maxime cum, qui unus in loco malo obviare poterat locumtenens Caesareus salvaguardiae praepositus, peste dicta praeprimis afflatus esset, domino colonello Caesareo, qui huic et alteri in Frisia orientali salvaguardiae commendat*[72]*, impietatem hominum tempore aestivo, cum hic venisset, oretenus exposuit. Quare locumtenentem ille cum aliis graviter increpitum non tantum cautiorem fecit, sed etiam sub autumni finem loco et officio movit vocatum in Frisiam, quo sequenti vere advocandus dicitur, et feldweblerus et decurio alius forte omnino a militia Caesareana dimittendus.*

[6.] *Cetera annis prioribus communia sunt praeter unum, quod sub initium Septembris non Otterendorpium modo, sed ceteram Hadeliam etiam subitus metus pervaserit ita, ut in motu fere essent omnia occasione scripti regis Angliae, quo ipse titulo ducis Lawenburgici homagium sibi a statibus huius satrapiae utpote ad dictum ducatum, ut praetendebatur, pertinentis inter dies certos praestari volebat*[73].

---

72 Zu Friedrich Caspar von Neuhoff, genannt von Ley (ca. 1645–1725), Standortkommandant der kaiserlichen Truppen in Otterndorf und in Ostfriesland (ca. 1699–1725): 82 Anm. 65.

73 König Georg II. (1683–1760) von Großbritannien, Kurfürst von Hannover (1727–1760) erhob auf diese Weise offiziell den Anspruch auf die Nachfolge im Herzogtum Lauenburg und damit auch in der Landschaft Hadeln. – Zu seiner Person: A. C. Thompson: George II. King and Elector, New Haven/London 2011. – G. Schnath: *s. v.* Georg II., in: NDB, 6, Berlin 1964, S. 212.

[4.] Inzwischen schenkte der Missionar den Sektierern in ihrer Hinterlist nicht gänzlich sein Vertrauen. Es schien sich eine Gelegenheit zu bieten, dass diese nach dem Tod eines katholischen Offiziers dessen lutherische Frau mit der Hoffnung auf einen ordentlichen Unterhalt dazu verlocken könnten, die zwei bisher katholisch erzogenen Kinder dann in der lutherischen Sekte zu erziehen. Daher mahnte er besorgt den Vater auf dem Totenbett, seine überlebende Frau daran zu erinnern, es nicht zuzulassen, dass die Söhne anders erzogen würden, als sie erzogen worden seien. Das tat jener nicht nur, als er in den letzten Zügen lag, sondern er tat es sehr wirkungsvoll. In der Folge stimmte nämlich die lutherische Frau, die nach dem Tode ihres katholischen Mannes ebenfalls schwer erkrankte und beim Empfang ihres Abendmahles vom lutherischen Pastor verpflichtet werden sollte, ihre Kinder dann der lutherischen Erziehung zu überlassen, nicht nur nicht nicht zu. Im Gegenteil ließ sie sofort nach dem Fortgang des Lutheraners den Pater Missionar [fol. 378v] rufen und empfahl ihm ihre Kinder an, wenn sie stürbe, mit dem Zusatz: Sie zweifele nicht daran, dass ihre Kinder bisher in einem guten Glauben erzogen worden seien. So wünsche sie, ihre Kinder sollten in dem, worin sie beständig heranwüchsen, auch leben und sterben.

[5.] Es gab auch noch etwas Anderes, was dem Pater Missionar nicht geringe Mühe bereitete: das ausschweifende Verhalten einiger katholischer Offiziere von der Leibgarde. Das steigerte sich derart, dass die Lutheraner auf offener Straße mit dem Finger auf sie zeigten. Als der Pater erkannte, dass er weder durch persönliche Mahnungen noch durch öffentlichen Tadel der Laster bei diesen schamlosen und ihren Ruf preisgebenden Menschen etwas Entscheidendes erreichen könne, legte er dem kaiserlichen Hauptmann mündlich die Pflichtvergessenheit der Menschen dar. Denn der einzige Mann, der vor Ort dem Übel hätte entgegentreten können, der kaiserliche stellvertretende Vorgesetzte der Leibgarde, war selbst von der besagten Pest angesteckt. Doch der kaiserliche Hauptmann, der diese und die zweite Leibgarde in Ostfriesland kommandiert[72], war persönlich im Sommer vor Ort. Deshalb maßregelte er den Leutnant heftig und machte ihn nicht nur vorsichtiger, sondern entfernte ihn sogar Ende August von seinem Posten am Ort und berief ihn nach Friesland. Dorthin sollen er, ein Feldwebel und ein weiterer Offizier, so sagt man, im folgenden Frühjahr abkommandiert und vielleicht gänzlich aus dem kaiserlichen Heer entlassen werden.

[6.] Weiteres ist mit früheren Jahren gemeinsam außer einem: Zu Anfang September lief nicht nur durch Otterndorf, sondern auch durch das übrige Hadeln plötzlich eine solche Furcht, dass fast alles in Aufregung war, wegen eines Schreibens des Königs von England. In ihm bekundete er unter dem Titel des Lauenburger Herzogs seinen Willen, dass ihm die Huldigung von den Ständen dieser Landschaft an schon bestimmten Terminen geleistet

[7.] *Timebant scilicet, ne non praestantes violento milite ex vicino ducatu Bremensi rex memoratus cogeret et possessionem exactis Caesareanis militibus in Hadelia caperet; quo casu demigrandum certo societatis missionario e loco fuisset, qui uno et solo titulo castrensis missionarii salvaguardiae adest et ex ipso principis aerario salarium accipit, quod idcirco sperari non poterat a duce dogmatis Lutherani. Verum brevi hic metus evanuit, cum nihil deinde attentatum fuit.*

[8.] *Deus conservet missionem bono catholicorum, maxime eorum, qui frequentes mercandi gratia has regiones obeunt!*

werde[73]. Die Landschaft gehöre zum besagten Herzogtum, wie das Schreiben vorgab.

[7.] Man fürchtete nämlich, wenn die Stände ihm den Homagial-Eid nicht leisteten, dass dann der besagte König den Eid mit Heeresmacht aus dem benachbarten Herzogtum Bremen erzwingen und nach Vertreibung der kaiserlichen Soldaten von Hadeln Besitz ergreifen werde. In diesem Fall hätte der Missionar der Gesellschaft sicherlich den Ort verlassen müssen, der einzig und allein unter dem Titel eines Feldmissionars der Leibgarde am Ort ist und allein aus der Kammer des Fürsten sein Gehalt erhält, was infolgedessen von einem Herzog lutherischen Glaubens nicht erwartet werden könne. Bald jedoch legte sich die Furcht, da nichts daraufhin unternommen wurde.

[8.] Gott erhalte die Mission zum Besten der Katholiken, besonders derjenigen, die des Handels wegen zahlreich diese Gegenden aufsuchen!

5. *ANNUAE MISSIONIS OTTERENDORPIENSIS IN HADELIA 1730*

[1.][K. T., Bestand Jesuiten 223, A 647/4, fol. 445r] *Missionem Otterendorpiensem hoc anno pro more excoluit unus de societate missionarius*[1], *qui praeter fructus annis prioribus communes sequentes collegit.*

[2.] *Ad fidem orthodoxam unum convertit, reduxit alteram, utrumque Hamburgi, Lutheranis istum, hanc catholicis parentibus genitum. Prior, qui stipendia Caesarea sub hujate salva-guardia aliquot annis scribae militaris nomine meruit, postquam missionarii instructione de falsitate sectae, in qua natus erat, convictus fuit, ad declinandam Lutheranorum hujatium invidiam et dicteria subterfugienda in patriam urbem tantisper reversus ad poenitentiae et sacrae eucharistiae sacramenta a missionariis istius loci admitti petiit ac impetravit.*

[3.] *Posterior, quae catholice et bene formata a puero post parentum fortunam inclinantem in Holsatia ab annis fere 9 aut 10 a fide salvifica desciverat, missionarii opera, ad quem alloquii et consilii causa e vicino Bremensi ducatu adducta fuerat, brevi saniora edocta et ecclesiae catholicae non sine maximo animae solatio reconciliata est.*

[4.] *His accenseri merito possunt adolescentes aliquot eadem industria in gremium ecclesiae sive adducti, seu malis dicere, reducti, quando quidem duorum mater catholica, quae suum ex Hollandia domicilium huc transtulerat, a missionario permota fuit, ut utrumque filium inter asinos antehac in Lutheri errore hic loci educatos adscisceret iterum in familiam propriam et catholice edoceri curaret, de qua alibi cum supervivente coniuge Lutherano convenerat, ut in patris secta enutriretur, de pacti iniustitia edocta constanter secum ad ecclesiam catholicam* [fol. 378v] *adduceret.*

[5.] *Benefactores missio non habet praeter Augustissimum Caesarem*[2], *qui stipendium annuum ex cassa principali solvi missionario constanter facit. Deus ipsi et Augustissimae domui temporaliter aeternumque retribuat!*

---

1 Die katholische Seelsorge betreute 1731 Pater Leonhard Pfeilsticker SJ. – Zu ihm siehe Anhang 7. 2., S. 127.

2 Zu Kaiser Karl VI. siehe oben Anm. 1, S. 40.

5. DER JAHRESBERICHT DER OTTERNDORFER MISSION IN HADELN 1730

[1.][K. T., Bestand Jesuiten 223, A 647/4, fol. 445r] Die Mission von Otterndorf betreute in diesem Jahr wie üblich ein Missionar von der Gesellschaft[1], der außer den mit früheren Jahren gemeinsamen die folgenden Früchte einfuhr.

[2.] Zum rechten Glauben bekehrte er einen, eine zweite führte er zurück, beide in Hamburg geboren, jener von lutherischen Eltern, diese von katholischen. Nachdem der erste, der unter den kaiserlichen Fahnen in der hiesigen Leibgarde im Amt eines Heeresschreibers diente, durch den Unterricht des Missionars von der Falschheit der Sekte, in der er geboren war, überzeugt worden war, kehrte er, um der Missgunst und dem Gerede der hiesigen Lutheraner zu entgehen, solange in seine Heimatstadt zurück, bat die dortigen Missionare, zu den Sakramenten der Buße und Eucharistie zugelassen zu werden, und erreichte es.

[3.] Die zweite, die von Kindheit an katholisch und gut erzogen worden war, aber nach der Verarmung der Eltern seit etwa neun oder zehn Jahren in Holstein vom heilbringenden Glauben abgefallen war, wurde durch das Wirken des Missionars, zu dem sie, um angesprochen und beraten zu werden, aus dem benachbarten Herzogtum Bremen gebracht worden war, in Kürze eines Besseren belehrt und nicht ohne größten Trost ihrer Seele der katholischen Kirche wiedergewonnen.

[4.] Diesen können mit Recht einige junge Männer zugerechnet werden, die mit demselben Einsatz in den Schoß der Kirche geführt oder, genauer gesagt, zurückgeführt wurden. Die katholische Mutter von zweien, die ihren Wohnsitz von Holland hierher verlegt hatte, wurde vom Missionar dazu bewogen, ihre beiden bisher hier unter Eseln in Luthers Irrlehre erzogenen Söhne wieder in die eigene Familie zu nehmen und für eine katholische Erziehung zu sorgen. Mit ihrem noch lebenden Mann hatte sie anderswo verabredet, sie in der Sekte des Vaters aufzuziehen, doch über die Unrechtmäßigkeit der Verabredung belehrt, bringt sie sie beharrlich [fol. 378v] mit sich in die katholische Kirche.

[5.] Wohltäter hat die Mission nicht außer den erhabenen Kaiser, der dem Missionar den jährlichen Sold aus der fürstlichen Kasse beständig auszahlen lässt. Gott möge es ihm und dem kaiserlichen Haus in Zeit und Ewigkeit vergelten!

7. Anhang: Übersicht über die in Stade und Otterndorf eingesetzten katholischen Geistlichen

7. 1. Liste der in Stade von 1629 bis 1631 eingesetzten katholischen Geistlichen:

[1.] Turrianus, Augustinus (*1566 in Lautlingen in Württemberg, †3. Juli 1644 in Emmerich) [1], Eintritt in die SJ (?), Domprediger in Worms (1606), Rektor des Hildesheimer Kollegs (1612–1635), Hildesheimer Domprediger (1614), Missionar in Stade (1629–1631), Superior der Niederlassung in Emmerich (1636–1638).

[2.] Kalkoven, Matthias[2]: Superior in Stade (1629–1631), Direktor des Gymnasium (*praefectus scholae*) in Hadamar (1652–1654).

[3.] N. N., Mauritius:

[4.] Schacht, Heinrich (*ca. 1583/85 in Schleswig, †2. Januar 1654) [3], Sohn eines Bürgermeisters, evangelischer Prediger in [Hamburg-] Ottensen, Konversion, Studium der Theologie am Hosianum in Braunsberg (1603), in Wilna (1604/05) und am Clementinum in Prag (1607/08), Noviziat in Rom (1609/10), dort Begegnung mit dem 5. Generaloberen der Jesuiten Claudio Aquaviva (1543–1615), Lehrer am Gymnasium Josephinum in Hildesheim (1611–1616), Studium der Theologie in Würzburg und Bamberg (1617/18), Priesterweihe in Bamberg (1618), Schulpräfekt in Düsseldorf (1618–1622), Missionar in Altona (1622–1623), Missionar in Schweden (1623–1624), Missionar in Altona (1624–1629), Missionar in Stade (1629–1631), Missionar in Altona und Hamburg (1631–1654).

[5.] Wernecke, Peter (*1606 in Lübeck, †2. Februar 1669): Studium der Philosophie in Köln, dort Eintritt in den Jesuitenorden (1628), Leiter des Jesuitenkollegs in Stade (1629–1631),

---

1 Zu Augustinus Turrianus: Bernd Warlich: Der Dreißigjährige Krieg in Selbstzeugnissen, Chroniken und Berichten, *s. v.* Turrianus, Augustinus SJ: http://www.30jaehrigerkrieg.de/turrianus-augustinus-sj/ [Zugriff am 24. Mai 2019]. – Y. Bergerfurth: *s. v.* EMMERICH – Jesuiten (1592–1773), in: M. Groten u. a. (Hrsg.): Nordrheinisches Klosterbuch, Teil 2, Siegburg 2012, S. 221–116, 5. 1. Superioren, S. 225. – J. Stillig: Jesuiten, Ketzer und Konvertiten, Hildesheim 1993, S. 63, S. 216. – Ders.: *s. v.* HILDESHEIM – Jesuiten, in: J. Dolle (Hrsg.): Niedersächsisches Klosterbuch, 2, S. 776–783, 5. 1., S. 782.

2 Zu Matthias Kalkhoven: Joseph Kehrein: Geschichte des Gymnasiums zu Hadamar, in: M. Kreizner (Hrsg.): Ankündigung der öffentlichen Prüfung des Herzoglich Nassauischen Gymnasiums zu Hadamar, Wiesbaden 1848, S. 1–37, S. 14.

3 Zu Pater Heinrich Schacht: C. Flucke: *Litterae annuae* aus Altona und Hamburg, Münster 2015, Nekrolog zum Jahre 1654, S. 164–170. – V. Helk: *s. v.* Schacht, Heinrich, in: H. F. Rothert (Hrsg.): BLSH, 7, Neumünster 1985, S. 255–257. – Zur Schwedenmission mit der Verurteilung zum Tode und anschließender Begnadigung: K. Wand: Gustav II. Adolf und der Jesuitendolch, Paderborn 1997, S. 77–80. – R. Wehner: Jesuiten im Norden, Paderborn 1974, S. 40–63.

Unterricht in Münster in Westfalen, Ablegung der Gelübde 1648, Missionar in Altona und Hamburg (1639–1667)[4].

7. 2. Liste der in Otterndorfer von 1712 bis 1731 eingesetzten katholischen Geistlichen:

[1.] Pater Johannes Heinrich Schreiber SJ (*1668): aus Münster, Sohn des Juristen, zuletzt des Kanzleidirektors des Fürstbistums Münster (1688–1694), Dr. Arnold Heinrich Schreiber (†1694)[5], Eintritt in die Gesellschaft Jesu ca. 1693[6], Missionar in Otterndorf (1712–1717)[7], Missionar in Glückstadt (1717–1720), Missionar in Otterndorf (1720–1726), Missionar in Glückstadt (1726–1728)[8], Missionar in Münster (1728–?)[9].

[2.] Pater Johannes Wasmodt SJ, Missionar in Glückstadt (1698–1716), Missionar in Otterndorf (9. Oktober 1716–1718)[10], anschließend vielleicht in Düsseldorf[11].

[3.] Pater Leonhard Pfeilsticker SJ, Missionar in Hadamar (?–1724), Missionar in Glückstadt (1724–1726), Missionar in Otterndorf (1726–1731), Missionar in Glückstadt (1731–1737)[12].

4 Pater Peter Wernicke SJ (1606–1669), geboren in Lübeck, leitete in Stade das Jesuitenkolleg und unterrichtete die *Humaniora*, siehe seinen Nekrolog zu 1667 [4.], *Litterae annuae* aus Altona und Hamburg, hrsg. von C. Flucke, I, Münster 2015, S. 296 f., war Missionar in Hamburg und Altona (1639–1667).

5 Siehe oben Anm. 42, S. 68.

6 Als Gabe (*legatum*) an den Orden stiftete der Vater 500 Reichstaler für den Bau einer Orgel in der Coesfelder Kirche: Landesarchiv Nordrhein-Westfalen, Abteilung Westfalen in Münster, Studienfond Münster, 9444.

7 Historisches Archiv der Stadt Köln, Jesuiten, Bestand 223, 640/18, [Personalverzeichnis der Jesuiten der Niederrheinischen Provinz:] 1713/1714, fol. 35 R: „Otterendorp: *Pater Henricus Schreiber, Mon(asterii). W(estfaliensis).*".

8 Zu Pater Heinrich Schreiber SJ (?): C. Flucke/M. Schröter, *Litterae annuae* von Glückstadt, 2, Anhang 16. 2., [19.], S. 739.

9 Ebd., [25.], S. 740.

10 Zu Pater Johannes Wasmodt: C. Flucke/M. Schröter, *Litterae annuae* von Glückstadt, 2, Münster 2017, Anhang 16. 2., [16.], S. 738 f.

11 C. Flucke/M. Schröter, *Litterae annuae* von Glückstadt, S. 739.

12 C. Flucke/M. Schröter, *Litterae annuae* von Glückstadt, Anhang 16. 2., [25.], S. 739 f., und [22.], ebd.

8. Literaturverzeichnis

8.1. Abkürzungen und Siglen

ADB	Allgemeine Deutsche Biographie
AF	Alte Folge
AHSJ	*Archivum Historicum Societatis Jesu*
BBKL	Biographisch-Bibliographisches Kirchenlexikon
BLKÖ	Biographisches Lexikon des Kaisertums von Österreich
BMVkKG	[Nordalbingensia Sacra:] Beiträge und Mitteilungen des Vereins für katholische Kirchengeschichte.
DBL	Dansk Biografisk Leksikon
HZ	Historische Zeitschrift
JMM	Jahrbuch der Männer vom Morgenstern
LASH	Landesarchiv Schleswig-Holstein
LThK	Lexikon für Theologie und Kirche
NDB	Neue Deutsche Biographe
ND	Neudruck
QuFGSH	Quellen und Forschungen zur Geschichte Schleswig-HOlsteins
SHLex	Das neue Schleswig-Holstein-Lexikon
SSHKG	Schriften des Vereins für Schleswig-Holsteinische Kirchengeschichte
ZHG	Zeitschrift des Vereins für Hamburgische Geschichte
ZNF	Zeitschrift des Vereins für Namenforschung
ZRG	Zeitschrift der Savigny-Stiftung für Rechtsgeschichte
ZSHG	Zeitschrift des Vereins für Schleswig-Holsteinische Geschichte
ZSRG	Zeitschrift für Rechtsgeschichte

8. 2. Quellen

8. 2. 1. Ungedruckte Archivalien und Texte:

1. *Archivum Romanum Societatis Jesu (ARSI):*
Litterae Annuae Provinciae Societatis Jesu Rheni inferioris vol. 48–70.

2. *Bistumsarchiv Münster,* Kirchenbücher (KB):
KB 1 (Taufen): (KB 1, Bl. 394): http://data.matricula-online.eu/de /deutschland/muenster/muenster-st-lamberti/KB001/?pg=200 .

KB 13 (Hochzeiten): (KB 13, Bl. 63): http://data.matricula-online.eu/de/deutschland/muenster/muenster-st-lamberti/KB013/?pg=40 .

3. *Historisches Archiv der Stadt Köln,*
2. Nichtstädtische Überlieferung,
2.2. Geistliche Provenienzen,
2.2.1. Einzelne Stifte und Klöster, Jesuiten (Bestand 223), Niederrheinische Ordensprovinz der *Societas Jesu,* Jahresberichte der Provinz – *litterae annuae provinciae Societatis Jesu Rheni inferioris,* A 642–A 656, Laufzeit von 1680 bis 1772.

4. *Kreisarchiv Cuxhaven, Kranichhaus, Otterndorf:*
Akten, *Militaria,* 9 A E (1651–1872).

8. 2. 2. Gedruckte Quellen:

AURELIUS AUGUSTINUS: *Contra Faustum Manichaeum, liber 32, cap. 18, recensuit* Josef Zycha, Wien 1891 *(= Corpus scriptorum ecclesiasticorum Latinorum, 25/6/1).*

CORDARA, Giulio: *Historia Societatis Jesu,* Roma 1750.

FLUCKE, Christoph (Hrsg.): Die *litterae annuae.* Die Jahresberichte der Gesellschaft Jesu aus Altona und Hamburg (1598–1781), Zwei Halbbände, Münster 2015 (= QuFGSH, 123).

FLUCKE, Christoph/SCHRÖTER, Martin: (Hrsg.): Die *litterae annuae.* Die Jahresberichte der Gesellschaft Jesu von Glückstadt (1645–1772), Zwei Halbbände, Münster 2017 (= QuFGSH, 125).

FRECKMANN, Johannes (Hrsg.): *Historia Collegii Heiligenstadiani,* Magdeburg 1929 (= Geschichtsquellen der Provinz Sachsen und des Freistaates Anhalt / Historische Kommission für die Provinz Sachsen und für Anhalt, 4).

KNEIßLER, Gerhard Ludwig/KORTING, Georg: Geschichte des Jesuitenkollegs in Büren, Kommentierte Übersetzung der *Historia Collegii Bürensis,* Paderborn 2014 (= Studien und Quellen zur Westfälischen Geschichte, Im Auftrag des Vereins für Geschichte und Altertumskunde Westfalens, Abteilung Paderborn, begründet von Klemens Honselmann, herausgegeben von Friedrich Gerhard Hohmann, 77).

LIBER USUALIS missae et officii pro dominicis et festis cum cantu Gregoriano, Paris Tournai, Rom 1954.

MAIER, Peter (Hrsg.): P. Augustinus Turrianus SJ: *Comoedia de Divi Augustini pueritia et adolescentia.* Komödie über die Kindheit und Jugend des heiligen Augustinus, Einleitung, Übersetzung und Kommentar, Paderborn 2006.

TIENTSCH, Richard: Das älteste Bürgerbuch der Stadt Otterndorf (1587–1773), Otterndorf 1964.

8. 3. Literatur:

ADAM, Wolfgang/WESTPHAL, Siegrid, SITTIG, Claudius/SIEBERS, Winfried (Hrsg.): Handbuch kultureller Zentren der Frühen Neuzeit: Städte und Residenzen im alten deutschen Sprachraum, Berlin, New York 2012.

ARING, Paul Gerhard: *s. v.* Osiander, Andreas, in: BBKL, 6, Herzberg 1993, Sp. 1298 f.

ASCHOFF, Hans–Georg: *s. v.* HILDESHEIM – Kollegiatsstift Heilig-Kreuz, in: DOLLE, Josef (Hrsg.): Niedersächsisches Klosterbuch, 2, Bielefeld 2012, S. 712–719.

ASCHOFF, Hans–Georg: Martin Stricker (†1749) – Missionar in der norddeutschen Diaspora, BMVkKG, 10, 2013, S. 45–70.

ASCHOFF, Hans–Georg: Das Jesuitenkolleg in Heiligenstadt, in: Torsten W. Müller (Hrsg), Von der Reformation zur Konfession. Die Jesuiten und ihr Reformprogramm im Eichsfeld, Erfurt 2017, S. 55–76.

ASCHOFF, Hans–Georg: Agostino Steffani als Apostolischer Vikar des Nordens: Grenzen und Möglichkeiten seines Amtes, in: Claudia Kaufhold u. a. (Hrsg.), Agostino Steffani. Europäischer Komponist, hannoverscher Diplomat und Bischof der Leibniz-Zeit, Göttingen 2017, S. 207–219.

ASKER, Björn: Karl X. Gustav, En biografi, Lund 2009.

BECHTHOLD-STÄUBLI, Hanns: Handbuch des deutschen Aberglaubens, Berlin 1930.

BECKMANN, Heinrich Georg Ludwig: Darstellung der Verfassung des Landes Hadeln, Hannover 1847.

BEHNE, Axel: Otterndorf. 600 Jahre Stadtgeschichte an der Nordsee. Siebenundzwanzig Aufsätze zur 600. Wiederkehr der Verleihung des Stadtrechts, Otterndorf 2000.

BERGENFURTH, Yvonne: *s. v.* EMMERICH – Jesuiten, in: Groten, Manfred u. a. (Hrsg.): Nordrheinisches Klosterbuch, Lexikon der Stifte und Klöster bis 1815, Teil 2, Siegburg 2012, (= Historisches Archiv des Erzbistums Köln, Hrsg. Studien zur Kölner Kirchengeschichte, 37, 2. Teil), S. 221–226.

BERISTAIN, Antonio: Jesuiten und Dienst an Gefangenen, in: M. Sievernich / G. Swietek (Hrsg.), Ignatianisch, Freiburg 1990, S. 404–424.

BERNER, Wilhelm: Daniel Gerhard Heisius, Pastor in Arbergen 1704–1747, Bremisches Jahrbuch, 52, 1972, S. 113–129.

BIRELY, Robert SJ: The Jesuits and the Thirty Years War. Kings, Courts and Confessors, Cambridge 2003 [Neudruck: 2008].

BÖHME, Klaus-Richard: Verwaltungspraxis und Kriegsfinanzierung in den Herzogtümern Bremen und Verden 1645–1676, in: J. Bohmbach (Bearbeiter): Die Bedeutung Norddeutschlands für die Großmacht Schweden im 17. Jahrhundert, Stade 1986, S. 49–52.

BÖRSTE, Norbert / ERNESTI, Jörg (Hrsg.:): Friedensfürst und Guter Hirte Ferdinand von Fürstenberg, Fürstbischof von Paderborn und Münster, Paderborn 2004 (= Paderborner theologische Studien, herausgegeben von Klaus Baumann, Hans Gleixner und Josef Meyer zu Schlochtern, 42).

BOHMBACH, Jürgen (Redaktion): Die Bedeutung Norddeutschlands für die Großmacht Schweden im 17. Jahrhundert, Stade 1986 (= Veröffentlichungen aus dem Stadtarchiv Stade, 3).

BOHMBACH, Jürgen: Stade als selbständige Stadt. 10. Der 30jährige Krieg, in: ders.: Stade – von den Siedlungsanfängen bis zur Gegenwart, Stade 1994, S. 141–143.

BOHMBACH, Jürgen: *s. v.* STADE – Prämonstratenser, in: DOLLE, Josef (Hrsg.): Niedersächsisches Klosterbuch, 3, Bielefeld 2012, S. 1366–1370.

BOHMBACH, Jürgen: *s. v.* STADE – Jesuiten, in: DOLLE, Josef (Hrsg.): Niedersächsisches Klosterbuch, 3, Bielefeld 2012, S. 1381 f.

BRAUN, Joseph: Liturgisches Handlexikon, Regensburg 1924.

BRÜCKNER, Wolfgang: Stoffwertigkeiten, Symbolwerte, Zeichensysteme, Würzburg 2000 (= Volkskunde als historische Kulturwissenschaft, Wolfgang Brückner, Gesammelte Schriften, 7).

BURKHARDt, Johannes: Der Dreißigjährige Krieg, Frankfurt am Main 1992.

CHRONIK des Landes Hadeln, Otterndorf 1843.

DAHLKE, Benjamin: Die *Missio Ferdinandea*. Eine Missionsstiftung und ihre Geschichte in: Norbert Börste / Jörg Ernesti: Franz von Fürstenberg, Paderborn 2004, S. 183–207.

DAHM, Christof: *s. v.* Schönborn, Franz Georg von Schönborn, in: BBKL, 9, Herzberg 1995, Sp. 623–627.

DALLMANN, Svetlana: Das Kieler Schloss im Wirkungskreis europäischer Großmachtpolitik – sieben Jahrzehnte dynastischer Verbindungen, in: ANDRESSEN, Rüdiger (Hrsg.): Das Kieler Schloss, Kiel, Hamburg 2017, S. 54–317.

DANNEBERG, Hans-Eckhard/OTTE, Hans (Hrsg.): Die Reformation im Elbe-Weser-Raum, Stade 2017.

DIX, Maria Th.: *s. v.* Bonn – Jesuiten, in: ROSEN, Wolfgang, Niederrheinisches Klosterbuch, 1, S. 346–351.

DOLLE, Josef (Hrsg.): Niedersächsisches Klosterbuch, Verzeichnis der Klöster, Stifte, Kommenden und Beginenhäuser von den Anfängen bis 1810, unter Mitarbeit von Dennis Knochenhauer,
Teil 1: Abbingwehr bis Gandersleben,
Teil 2: Gartow bis Mariental,
Teil 3: Marienthal bis Zeven,
Teil 4: Literatur und Register, Bielefeld 2012 (= Veröffentlichungen des Instituts für historische Landesforschung der Universität Göttingen, 56).

DUHR, Bernhard SJ: Jesuiten-Fabeln, Freiburg 1891.

DUHR, Bernhard SJ: Geschichte der Jesuiten in den Ländern deutscher Zunge,
Erster Band: Geschichte der Jesuiten in den Ländern deutscher Zunge im XVI. Jahrhundert, Freiburg/Breisgau 1907.
Dritter Band, München 1921.

DYLONG, Alexander: Das Hildesheimer Domkapitel im 18. Jahrhundert, Hannover 1997 (= Quellen und Studien zur Geschichte des Bistums Hildesheim, 4).

EMRICH, Gabriele: Die Emigration der Salzburger Protestanten 1731/2, reichsrechtliche und konfessionelle Aspekte, Münster 2002.

ERNESTI, Jörg: Ferdinand von Fürstenberg (1626–1683), Geistiges Profil eines barocken Fürstbischofs, Paderborn 2004 (= Studien und Quellen zur westfälischen Geschichte, im Auftrag des Vereins für Geschichte und Altertumskunde Westfalens, Abteilung Paderborn, begründet von Klemens HONSELMANN, herausgegeben von Friedrich Gerhard HOHMANN, 51).

ERNST, Josef: *s. v.* Wasser, II., Biblisch-theologisch, in: in: LThK, 10, Freiburg [3.]2001, Sp. 985 f.

FIEBIG, Eva Susanne und SCHLÜRMANN, Jan (Hrsg.): Handbuch zur nordelbischen Militärgeschichte. Heere und Kriege in Schleswig, Holstein, Lauenburg, Eutin und Lübeck 1623-1863/67, Husum 2010, S. 327–346.

FIEDLER, Beate-Christine: Grundzüge der Verwaltungsorganisation 1652–1712 und der Forschungsstand zur Schwedenzeit, in: BOHMBACH, Jürgen: Die Bedeutung Norddeutschlands für die Großmacht Schweden im 17. Jahrhundert, Stade 1986, S. 57–69.

FINDEISEN, Jörg-Peter: Karl XII. von Schweden – ein König, der zum Mythos wurde, Berlin 1992.
FISCHER, Heinz-Joachim: Der Heilige Kampf, Geschichte und Gegenwart der Jesuiten, München 1987.
FISCHER, Norbert: Im Antlitz der Nordsee. – Zur Geschichte der Deiche in Hadeln, Stade 2007 (= Schriftenreihe des Landschaftsverbandes der Ehemaligen Herzogtümer Bremen und Verden, 28; Geschichte der Deiche an Elbe und Weser, 3).
FLUCKE, Christoph: Episoden aus den Jahresberichten der Hamburger Jesuiten 1618–1773, BMVkKG, 10, 2013, S. 71–90.
FLURSCHÜTZ DA CRUZ, Andreas: Zwischen Reich und Revolte, ZHG, 99, 2013, S. 1–29.
FREUDENTHEIL, Christian W. E.: Kurze Geschichte der Stadt Stade, ihre Cämmerey-Güter, hauptsächlisten Gerechtsame, öffentliche Lasten und Intraden, Stade 1903.
FRIEDRICH, Markus: Circulating and Compiling the *Litterae Annuae*. Towards a History of the Jesuit System of Communication, in: *Archivum Historicum Societatis Iesu* 77, 2008, S. 3–39.
FRIEDRICH, Markus: Der lange Arm Roms? Globale Verwaltung und Kommunikation im Jesuitenorden 1540 bis 1773, Frankfurt am Main 2011.
FRIEDRICH, Markus: Die Jesuiten. Aufstieg, Niedergang, Neubeginn, München, Berlin, Zürich 2016.
FRIEDRICH, Markus: Jesuiten und Lutheraner im frühneuzeitlichen Hamburg. Katholische Seelsorge im Norden des Alten Reiches zwischen Konversionen, Konfessionskonflikten und interkonfessionellen Kontakten, ZHG, 104, 2018, S. 1–77.
FROESE, Wolfgang: Geschichte der Ostsee. Völker und Staaten am Baltischen Meer, Gernsbach 2.2008, S. 227–239.
FROST, Robert: The Northern Wars. War, State and Society in Northeastern Europe 1558–1721, Longman 2000.
FUCHS, Konrad: *s. v.* Tilly, Johann Tserclaes von, in: BBKL, 12, Herzberg 1997, Sp. 126 f.
FÜSSEL, Marian: Der Siebenjährige Krieg. Ein Weltkrieg im 18. Jahrhundert, München 2.2012 (= C. H. Beck Wissen, Band 2704).
GEROSA, Libero: *s. v.* Krankensalbung, V., Kirchenrechtlich, in: LTHK, 6, Freiburg 3.1997, Sp. 423 f.
GÖHLER, Johannes: Der Angelsachse Willehad und der Missionsauftrag Karls des Großen für Wigmodien, in: Wege des Glaubens, Beiträge zu einer Kirchengeschichte des Landes zwischen Elbe und Weser, Stade 2006, S. 2–6.
GRAF, Sabine: Die vier katholischen Klöster Harsefeld, Altkloster, Neukloster und Zeven im evangelischen Erzstift Bremen, in: Stader Jahrbuch 2001/2, S. 51–78.
GRESCHAT, Martin: Martin Bußer. Ein Reformator und seine Zeit, Münster 2.2009.
GRESHAKE, Gisbert: Krankensalbung, II., Historisch-theologisch, und III., Systematisch-theologisch, in: LTHK, 6, Freiburg 3.1997, Sp. 419–423.
GROTEN, Manfred (Hrsg.) Nordrheinisches Klosterbuch: Lexikon der Stifte und Klöster bis 1815, Red. Wolfgang Rosen. - 2. Düsseldorf bis Kleve, Siegburg 2012, S. 531–540.
HAMMON, Adalbert: *s. v.* Eucharistie, in: DSp., 4, c. 1553.
HATJE, Frank: Repräsentationen der Staatsgewalt, Herrschaftsstrukturen und Selbstdarstellung der Staatsgewalt in Hamburg 1700–1900, Basel, Frankfurt/M. 1997, S. 113–247.
HEINEMANN, Otto von: *s. v.* Julius Franz, in: ADB, 14, Leipzig 1881, S. 670.
HEINEMEYER, Walter (Hrsg.): Richtlinien für die Edition landesgeschichtlicher Quellen, Marburg 2.2000.
HEINZ, Andreas: Krankensalbung, VI., Praktisch-theologisch, in: LTHK, 6, Freiburg 3.1997, Sp. 424 f.
HELK, Velle: *s. v.* Schacht, Heinrich, BLSH, Neumünster 1985, S. 255–257.

HENGST, Karl (Hrsg.): Westfälisches Klosterbuch, Lexikon der vor 1815 errichteten Stifte und Klöster von ihrer Gründung bis zur Aufhebung, Teil 2, Münster – Zwillbrock, Münster 1994 (= Quellen und Forschungen zur Kirchen- und Religionsgeschichte, Band 2).

HOCHREITER, Otto: Ferdinand III./II.: [Zugriff am 14. April 2019]: https://www.graz.at/cms/beitrag/10095972/7773004/Ferdinand_IIIII_Kaiser.html .

HILBERATH, Bernd Jochen: *s. v.* Eucharistie II, Historisch-theologisch und III, Systematisch-theologisch, ebd., Sp. 946–951.

HILLMANN, Jörg: Das Herzogtum Sachsen-Lauenburg von 1500-1689, in: OPITZ, Eckhard (Hrsg.): Herzogtum Lauenburg, Neumünster 2003, S. 224–227.

HOCK, Klaus: *s. v.* Wasser, I., Religionsgeschichtlich, in: LThK, 10, Freiburg 3.2001, Sp. 984 f.

HOLZAPFEL, Helmut: Unter nordischen Fahnen, Die Militärseelsorge der Jesuiten in den nordischen Ländern im XVII. und XVIII. Jahrhundert, Paderborn 1954.

HOLZAPFEL, , Helmut: Lob der Laien in der Diaspora, Paderborn o. J. [1966].

HOLZAPFEL,, Helmut: Lob der Laien in der Diaspora, in: BUTTERWEGE, Hubert/ERDLE, Albert: Erlebte Diaspora, Paderborn 7.1973, S. 82–129.

HOLZAPFEL,, Helmut: Das katholische Schulwesen in der Nordischen Mission, Zur Geschichte der norddeutschen Diaspora nach der Glaubensspaltung, Paderborn 1973.

HOOGEWEG, Hermann: Die Restitutionsversuche im Erzstift Bremen (1617–1629), Zeitschrift des historischen Vereins für Niedersachsen, 1910, S. 73–134.

HOFBERG, Herman/HEURLIN, Frithiof/ MILLQVIST, Viktor/ RUBENSON, Olof (Hrsg.): Svenskt biografisk handlexikon, 2: *L–Z*, Stockholm 2.1906, S. 632–633.

HÜNNINGER, Dominik: Die Viehseuche von 1741–52, Deutungen und Herrschaftspraxis in Krisenzeiten, Neumünster 2011 (= SWSSH, 48).

INTORP, Leonhard: *s. v.* Wasser, IV., Frömmigkeitsgeschichtlich, in: in: LThK, 10, Freiburg 3.2001, Sp. 988 f.

JOCKENHÖVEL,. Klaus: Gottesdienst und Frömmigkeit der Friedrichstädter Katholiken zur Zeit der Jesuitenmission, Mitteilungsblatt der Gesellschaft für Friedrichstädter Stadtgeschichte, 17, 1980, S. 181–259.

KANY, Roland: Augustins Trinitätsdenken, Bilanz, Kritik und Weiterführung der modernen Forschung zu *de trinitate*, Tübingen 2007.

KEHREIN, Joseph: Geschichte des Gymnasiums zu Hadamar, in: KREIZNER, Matthias (Hrsg.): Ankündigung der öffentlichen Prüfung des Herzoglich Nassauischen Gymnasiums zu Hadamar, Wiesbaden 1848, S. 1–37.

KLEINEBERG, Andreas/MARX, Christian/KNOBLOCH, Eberhard/LELGEMANN Dieter: Germania und die Insel Thule. Die Entschlüsselung von Ptolemaios´ „Atlas der Oikumene", Darmstadt 2010.

KLIEBER, Rupert: Die Unterstützung des Hauses Habsburg für die katholische Diaspora im Norden Europas vom 16. bis zum 19. Jahrhundert, in: 6. Internationale Kirchengeschichtstagung im Erzbistum Hamburg, Schwerin 2009, S. 20 ff.

KÖSTER, Friedrich, Geschichte des königlichen Consistoriums der Herzogthümer Bremen und Verden, Stade 1852.

KOHL, Wilhelm: Das Bistum Münster, 7. 4. Die Diözese, Berlin, New York 2004 (= *Germania Sacra*, herausgegeben vom Max-Planck-Institut für Geschichte, Redaktion: Helmut Fachenecker/Nathalie Kruppa, Neue Folge 37. 4, Die Bistümer der Kirchenprovinz Köln, Das Bistum Münster, 7. 4. Die Diözese).

KORTING, Georg: Vitus Georg Tönnemann (1659–1740). Ein Paderborner Jesuit am Kaiserhof in Wien. Mit einem Vorwort des Herausgebers Josef Meyer zu Schlochtern, Übersetzungen von Gerhard Ludwig Kneißler und einem Beitrag von Jochen Hermann Vennebusch, Paderborn u.a. 2001 (= Paderborner Theologische Studien, 54).

KRANEMANN, Benedikt: *s. v.* Wasser, III., Liturgisch, in: in: LThK, 10, Freiburg [3.]2001, Sp. 986–988.

KRAUSS, Heinrich Geflügelte Bibelworte, Das Lexikon biblischer Redearten, München 1993.

KREIZNER, Matthias (Hrsg.): Ankündigung der öffentlichen Prüfung des Herzoglich Nassauischen Gymnasiums zu Hadamar, Wiesbaden 1848.

KRÖNKE, Adolf Peter: Der Flecken Harsefeld. Sein Weg durch die Geschichte, Stade 1976.

KRÜGER, Joachim: Karl XII. – Der „heroische" Militärmonarch Schwedens. In: Martin Wrede (Hrsg.): Die Inszenierung der heroischen Monarchie. Frühneuzeitliches Königtum zwischen ritterlichem Erbe und militärischer Herausforderung (= HZ. Beiheft 62), München 2014, S. 358–381.

KRÜGER, Lutz: Der Erwerb Bremen-Verdens durch Hannover. Ein Beitrag zur Geschichte des großen Nordischen Krieges in den Jahren 1709–1719, Hamburg 1974 (= Schriftenreihe des Landschaftsverbandes Stade, 2).

LANGE, Ulrich: Stände, Landesherr und große Politik, in: ders.: Geschichte Schleswig Holsteins, Neumünster [2.]2004, S. 153–265.

LEMBCKE, Rudolf: Otterndorf. Kleine Stadt am großen Strom, Hamburg 1978.

LEMBCKE, Rudolf: Das Torhaus in Otterndorf. Geschichte des Baues und seiner Nutzung, in: Ders.: Otterndorf. Kleine Stadt am großen Strom, Hamburg 1978, S. 190–195.

LENT, Dieter: *s. v.* Pappenheim, Gottfried Heinrich Graf zu, in: JARCK, Horst-Rüdiger/LENT, Dieter u. a. (Hrsg.): Braunschweigisches Biographisches Lexikon. 8. bis 18. Jahrhundert, Braunschweig 2006.

LENZ, Wilhelm: Das Nygehus, Aus Geschichte und Gegenwart des Fleckens Neuhaus (Oste), Otterndorf 1981 (= Veröffentlichungen der Kranichhaus-Gesellschaft und Sonderveröffentlichung der Männer vom Morgenstern, Neue Reihe, 9).

LÖHER, Franz von: Über handschriftliche Annalen und Berichte der Jesuiten, Sitzungsberichte der königlich bayerischen Akademie der Wissenschaften, 1874, S. 155–184.

LORENZEN-SCHMIDT, Klaus-Joachim/PELC, Ortwin (Hrsg.): Das neue Schleswig-Holstein Lexikon, Neumünster [2.]2006.

LOTZ-HEUMANN, U. / MISSFELDER, J.- F./POHLIG, M. (Hrsg.): Konversion und Konfession in der Frühen Neuzeit, Heidelberg 2007.

LUNDKVIST, Sven: Die schwedische Kriegspolitik von 1630 bis 1675, in: J. Bohmbach (Redaktion): Die Bedeutung Norddeutschlands für die Großmacht Schweden im 17. Jahrhundert, Stade 1986 (= Veröffentlichungen aus dem Stadtarchiv Stade, 3), S. 9–14.

LUNKVIST, Sven: Die norddeutschen Städte als Voraussetzungen der schwedischen Großmachtstellung, ebd., S. 15–24.

MÄRZ, Claus-Peter: *s. v.* Eucharistie I, Neutestamentlich, in: LThK, 3, Freiburg [3.]1995, Sp. 994 f.

MÄNNER VOM MORGENSTERN (Hrsg.): Dat Nygehus. Aus Geschichte und Gegenwart des Fleckens Neuhaus (Oste), Neuhaus 1981.

MARKLUND, Andreas: Stenbock, Ära och ensamhet i Karl XII:s tid, Lund 2008.

MARTI, Andreas: Erhalt uns, Herr, bei deinem Wort, in: Evang, Martin/Seibt, Ilsabe (Hrsg.): Liederkunde zum Evangelischen Gesangbuch, Göttingen 2015, S. [21] 1–[21] 8.

MARTUS, Steffen: Aufklärung. Das deutsche 18. Jahrhundert, Berlin 2015.

MAUELSHAGEN, Stephan: Ordensritter – Landesherr – Kirchenfürst, Damian Hugo von Schönborn (1676–1743), Ubstadt 2001.

MEIER, Dirk: Die Unterelbe. Vom Urstromtal bis zur Elbvertiefung, Heide 2014.

MENGES, Franz: *s. v.* Metsch, von, in: NDB, 17, Berlin 1994, S. 62 f.

MERTENS, Jozef: Handel en Wandel van den teuten in Duitse gewesten. Studie van de migratie van „Brabanders“ en „Luikenaars“ tijdens de 16de – 19de eenw, Lommel 1995.

MEYER, Hans-Baptist: *s. v.* Eucharistie, VIII, Liturgiewissenschaftlich, ebd., Sp. 957–963, insbesondere d) Neuzeit, Sp. 961–963.

MEYER, Philipp: Die Pastoren der Landeskirchen Hannovers und Schaumburg-Lippes seit der Reformation, 2, Göttingen 1942.

MICHALOPOULOS, Dimitri<. "Ultima Thule ou Dieu a de l'humour" https://ceshe.fr/actualites/11_ultima-thule-ou-dieu-a-de-l-humour.html [Zugriff am 6. Mai 2019].

MÜLLER, Paul-Gerhard: *s. v.* Krankensalbung, I, Biblisch-theologisch, in: LTHK, 6, Freiburg [3.]1997, Sp. 418 f.

MULSOW, Martin: Einleitung, zu: ders. (Hrsg.): Spätrenaissance-Philosophie in Deutschland 1570–1650, Entwürfe zwischen Humanismus und Konfessionalisierung, okkulten Traditionen und Schulmetaphysik, Tübingen 2009.

NEUFELD, Karlheinz SJ: Jesuiten in den Nordischen Missionen – Auftrag und Wirken in Zeiten von Absolutismus und Aufklärung, in: 300 Jahre katholische Gemeinden in Mecklenburg, S. 9–19, Schwerin 2009.

NEUHAUS, Helmut: *s. v.* Pappenheim, Gottfried Graf zu, in: NDB, 20, Berlin 2001, S. 51 f.

NISTAL, Matthias: Die Reichsexekution gegen Schweden in Bremen-Verden, in: H.-J. Schulze (Hrsg.) Landschaft und regionale Identität, Stade 1989.

NISTAL, Matthias: Die Zeit der Reformation und der Gegenreformation und die Anfänge des Dreißigjährigen Krieges (1511–1632), in: DANNENBERG, Hans-Eckhard u. a. (Hrsg.): Geschichte des Landes zwischen Elbe und Weser, Band III, Neuzeit, Stade 2008, S. 1–172.

OHLER, Norbert: Sterben und Tod im Mittelalter, München und Zürich 1990.

OLSZEWSKY, Hans-Josef: *s. v.* Karl VI., in: BBKL, 3, Herzberg 1993, Sp. 1151–1157.

OPITZ, Eckhard: Herzogtum Lauenburg, Das Land und seine Geschichte. Ein Handbuch, Neumünster 2003, S. 224–227.

VON OSTEN, Gustav: Aus einer kleinen Landstadt, Otterndorf 1900.

OTTE, Hans: Die Kirche und das Konsistorium zu Otterndorf nach der Reformation, in: Axel Behne: Otterndorf, Otterndorf 2000, S. 163–181.

PABEL, Reinhold: „Ein schwarzer Tag für Hamburg“, BMVkKG, 7, 2002, S. 263–329.

PANDEL, Hans-Jürgen: Quelleninterpretation. Die schriftliche Quelle im Geschichtsunterricht, Schwalbach im Taunus 2000 (= Methoden historischen Lernens, hrsg. von Klaus BERG-MANN, Ulrich MAYER, Hans-Jürgen PANDEL und Gerhard SCHNEIDER).

POHLE, Frank: *s. v.* Aachen – Jesuiten, in: ROSEN, Wolfgang (Redaktion): Nordrheinisches Klosterbuch, Lexikon der Stifte und Klöster bis 1815, Teil 1, Aachen bis Düren, Siegburg 2009 (= Historisches Archiv des Erzbistums Köln, Hrsg. Studien zur Kölner Kirchen-geschichte, 37, 1. Teil), S. 68–80.

POHLE, Frank: *s. v.* DÜSSELDORF – Jesuiten, in: Groten, Manfred u. a. (Hrsg.): Nordrheinisches Klosterbuch, Lexikon der Stifte und Klöster bis 1815, Teil 2, Siegburg 2012, (= Historisches Archiv des Erzbistums Köln, Hrsg. Studien zur Kölner Kirchengeschichte, 37, 2. Teil), S. 29–41.

POHLE, Frank: *s. v.* JÜLICH – Jesuiten, in: ebd., S. 531–540.

PORSKROG RASMUSSEN, Carsten / IMBERGER, Elke / LOHMEIER, Dieter / MOMSEN, Ingwer (Hrsg.): Die Fürsten des Landes, Herzöge und Grafen von Schleswig, Holstein und Lauenburg, herausgegeben im Auftrag der Gesellschaft für Schleswig-Holsteinische Geschichte, Neumünster 2008.

POTEN, Bernhard von: *s. v.* Reinach, Hans Heinrich I. von, in: ADB, 27, Leipzig 1888, S. 723 f.

PRANGE, Wolfgang: Einleitung, zu: Urkundenbuch des Bistums Lübeck, 2, 1200–1439, Neumünster 1994 (= Schleswig-Holsteinische Regesten und Urkunden, 13; Veröffentlichungen des Schleswig-Holsteinischen Landesarchiv, 36).

RIBHEGGE, Wilhelm: Erasmus von Rotterdam, Darmstadt 2009.

RÖDENBEEK, Gerhard: Über Deichbau und Überflutungen in den Hamburger Elbmarschen (vor der Flut von 1962), Die Küste, Archiv für Forschung und Technik an der Nord- und Ostsee, 29, 1976, S. 122–142.

ROHLFES, Joachim: Geschichte und ihre Didaktik, Göttingen 3.2005.

RONDET, Henri: extrême-onction, in: DSp, t. 4, c. 2189.

ROSEN, Wolfgang (Redaktion): Nordrheinisches Klosterbuch, Lexikon der Stifte und Klöster bis 1815, Teil 1, Aachen bis Düren, Siegburg 2009 (= Historisches Archiv des Erzbistums Köln, Hrsg. Studien zur Kölner Kirchengeschichte, 37, 1. Teil), S. 68–80.

RÜTHER, Eduard: Hadler Chronik, Quellenbuch zur Geschichte des Landes Hadeln, Neumaus/Oste 1932.

SALLER, Rudolf: Reichsgraf Johann Tserclaes von Tilly, Altötting 2007.

SAUSER, Ekkart: *s. v.* Willehad, in: BBKL, 13, Herzberg 1998, Sp. 1316–1317.

SCHÄFER, Joachim: *s. v.* Ignatius von Loyola, in: Ökumenisches Heiligenlexikon [Zugriff am 16. April 2019]. https://www.heiligenlexikon.de/BiographienI/Ignatius_von_Loyola.htm.

SCHLÜRMANN, Jan: Der zweite Nordische Krieg 1655 – 1660, in: FIEBIG, Eva Susanne/ders.: Handbuch zur nordelbischen Militärgeschichte, Husum 2010, S. 327–346.

SCHLÜTER, E.: Die letzten Nonnen von Neukloster und ihr Pater, Archiv des Vereins für Geschichte und Alterthümer der Herzogthümer Bremen und Verden und des Landes Hadeln zu Stade, 4. Band, 1871, S. 259–262.

SCHMIDT, Georg: Der Dreißigjährige Krieg, München 1995.

SCHMIDT, Hans: Karl VI., in: SCHINDLING, Anton u. a. (Hrsg.): Kaiser der Neuzeit, S. 200–214.

SCHNATH, Georg: *s. v.* Georg II., in: NDB, 6, Berlin 1964, S. 212.

SCHNATH, Georg: *s. v.* Georg Ludwig, in: NDB, 6, Berlin 1964, S. 210 f.

SCHNEE, Christian: Georg I. Ein Welfensohn zwischen London und Hannover, Kiel 2013.

SCHULZE, Hans-Joachim (Hrsg.) Landschaft und regionale Identität, Stade 1989.

SCHWARZWÄLDER, Herbert: Das große Bremen-Lexikon, Bremen 2.2003.

SEEBAß, Gottfried: *s. v.* Osiander, Andreas, in: NDB, 19, Berlin 1999, S. 608.

SEITSCHEK, Stefan u. a. (Hrsg.): 300 Jahre Karl VI, 1711–1740, Wien 2012.

SIEVERNICH, Michael / SWITEK, Günter (Hrsg): Ignatianisch, Eigenart und Methode der Gesellschaft Jesu, Freiburg im Breisgau u. a. 1990.

SMITH, Jonathan: Zur Geschichte des oldenburgischen Heerwesens während der Dänenzeit 1667–1773; Oldenburger Jahrbücher, 44/45, 1940/41., S. 51–81.

SOWADE, Herbert: *s. v.* Münster – Jesuiten, in: Hengst, Karl (Hrsg.): Westfälisches Klosterbuch, Teil 2, Münster 1994.

STILLIG, Jürgen: Jesuiten, Ketzer und Konvertiten, Untersuchungen zum Religions- und Bildungswesen im Hochstift Hildesheim in der Frühen Neuzeit, Hildesheim 1993 (= Schriftenreihe des Stadtarchivs und der Stadtbibliothek Hildesheim, hrsg. von Herbert REYER, 22).

STILLIG, Jürgen: *s. v.* HILDESHEIM – Jesuiten, in: DOLLE, Josef (Hrsg.): Niedersächsisches Klosterbuch, 2, Bielefeld 2012, S. 776–783, 5. 1., S. 782.

STROH, Wilfried: Latein ist tot, es lebe Latein, Kleine Geschichte einer großen Sprache, Berlin 2007.

STORK, Victor: Die Ausführung des Restitutionsedikts von 1629 in Bremen, Zeitschrift des historischen Vereins für Niedersachsen, 71, 1906, S. 212–258; 71, S. 39–80.

SWITEK, Günter: Die Eigenart der Gesellschaft Jesu im Vergleich zu den anderen Orden in der Sicht des Ignatius und seiner ersten Gefährten, in: Sievernich, Michael / Switek,

Günter (Hrsg): Ignatianisch, Eigenart und Methode der Gesellschaft Jesu, Freiburg im Breisgau u. a. 1990, S. 204–232.

THIELEN, Hugo: *s. v.* Steffani, Agostino. In: Hannoversches Biographisches Lexikon, Hannover 2002, S. 346.

THÖNE, Wilhelm: Vitus Georg Thönemann 1659–1740. Ein Paderborner Diplomat am Hofe Kaiser Karls VI. In: Westfälische Zeitschrift, 91, Abt. 2, 1935, S. 47–60.

THOMPSON, Andrew C.: Georg II. King and Elector, New Haven/London 2011.

THOMSEN, Martina: „Das betrübte Thorn" Daniel Ernst Jablonski und der Thorner Tumult von 1724, in: BAHLKE, Joachim/KORTHAASE, Werner: Daniel Ernst Jablonski (1660–1741) Hofprediger, Akademiepräsident, Frühaufklärer. Studien zu Leben, Werk und Wirken, 2008, Wiesbaden 2008.

THONEMANN, Helena Fyfe: Confessor to the Last of the Habsburgs. The Emperor Charles (1685–1740) and Georg Tönneman, SJ (1659–1740), Banbury 2000.

TIMM, Uwe: Hadeler Kirchspielsleute, unveröffentlichtes Typoskript, Otterndorf 2017.

TROXLER, Walter: *s. v.* Oekolampad, Johannes, in: BBKL, 6, Bautz, Herzberg 1993, Sp. 1133–1152.

UHLHORN, Gerhard: Beiträge zur Geschichte der Ausführung des Restitutions-Edicts in den Herzogthümern Bremen und Verden, Vierteljahrsschrift für Theologie und Kirche mit besonderer Berücksichtigung der hannoverschen Landeskirche, III. Folge, I. Jahrgang, Hannover 1852, S. 149–184.

VAUPELL, Otto: Den Danske Haers Historie til nutiden og den Norske Haers Historie indtil 1814, anden dels første afdeling, Kjøbenhavn 1876.

WÄTJER, Jürgen: Aufbau und Entwicklung katholischer Kirchenverfassung in Schleswig-Holstein seit der Reformation, in: BMVkKG 5, 1995, Husum, S. 7–154.

WAGNER, Harald: *s. v.* Krankensalbung, IV., Ökumenisch, in: LTHK, 6, Freiburg 3.1997, Sp. 423.

WALLMANN, Johannes: Pietismus und Orthodoxie, Gesammelte Aufsätze III, Tübingen 2010.

WAND, Karl: Gustav II. Adolf und der Jesuitendolch, Kampf und Versöhnung mit der katholischen Kirche in Schweden, Paderborn 1997.

WANDER, Karl Friedrich Walter: *s. v.* Hand 36., in: Deutsches Sprichwörter-Lexicon, online: http://woerterbuchnetz.de/cgi-bin/WBNetz/wbgui_py?sigle=Wander&mode=Vernetzung&lemid=WH00241#XWH00241 [Zugriff am 12. März 2019].

WARLICH, Bernd: Der Dreißigjährige Krieg in Selbstzeugnissen, Chroniken und Berichten, *s. v.* Turrianus, Augustinus SJ: http://www.30jaehrigerkrieg.de/turrianus-augustinus-sj/ [Zugriff am 24. Mai 2019].

WEHNER, Richard SJ: Jesuiten im Norden, Zur Geschichte des Ordens in Schweden, I., 1574– 1879, Paderborn 1974.

WEISER-AALL: *s. v.* Hexe, in: BÄCHTHOLD-STÄUBLI, Hanns (Hrsg.): Handwörterbuch des deutschen Aberglaubens, III, Berlin, Leipzig 1930, Sp. 1827–1920.

WERNER, Thomas: Den Irrtum liquidieren, Bücherverbrennungen im Mittelalter, Göttingen 2007 (= Veröffentlichungen des Max-Planck-Institutes für Geschichte, 225).

WITTPENNIG, W.: Jesuiten in Zeven, Archiv des Vereins für Geschichte und Alterthümer der Herzogtümer Bremen und Verden, Heft 4, 1869, S. 284 f.

WITTPENNIG, W.: Versuch einer Geschichte der Stadt Stade, Stade 1874.

WOHLTMANN, Hans: Die Geschichte der Stadt Stade, Hamburg 2.1947.

WOLGAST, Eicke: Thomas Müntzer. Ein Verstörer der Ungläubigen, Göttingen 1981.

WREDE, Martin (Hrsg.): Die Inszenierung der heroischen Monarchie. Frühneuzeitliches Königtum zwischen ritterlichem Erbe und militärischer Herausforderung (= HZ. Beiheft 62), München 2014.

9. INDICES

9. 1. INDEX DER PERSONENNAMEN

Nachfolgender Index erfasst die Personenbezeichnungen. Die im Folgenden aufgeführten Daten bezeichnen die Lebensdaten der jeweiligen Person. Die Amtsdaten sind dagegen nach Nennung des Amtes beigefügt. Die durch Sperrung hervorgehobenen Seitenzahlen geben nähere Informationen zur jeweiligen Person, meist ein Biogramm, ein Nekrolog oder Erklärungen zur Sache. Bei den kursiv hervorgehobenen Personen handelt es sich um die in Otterndorf zwischen 1712 und 1731 tätigen Jesuitenpatres.

9. 2. Index der Orts- und Gewässernamen

Der nachfolgende Index erfasst Orts-, Gewässer- und Landschaftsbezeichnungen. In den Quellen vorkommende Schreibungen stehen in Klammern. Die Zahlen bezeichnen die Seitenzahlen. In der Sperrung ist die genauere Beschreibung eines Ortes hervorgehoben.

19. 3. Index der Sachen